햇살콩 한줌묵상 365

내 사랑아, 날마다
네 마음에 '말씀의 씨앗'을
한줌 한줌 심으렴!

햇살콩 김나단 × 김연선

규장

마음 밭에

말씀의 씨앗을 한줌 한줌 심기 원하는

_____ 에게

사랑의 마음을 담아 드립니다.

12.31

유다서 1:20

사랑하는 자들아
너희는 너희의 지극히 거룩한 믿음 위에 자신을 세우며 성령으로 기도하며

주의 말씀의 맛이 내게 어찌 그리 단지요
내 입에 꿀보다 더 다니이다

시편 119:103

《햇살콩 한줌묵상 365》는
매일 하나님의 말씀을 묵상할 수 있도록
성경 말씀과 묵상을 수록했습니다.

햇살콩의 따뜻한 글과 그림을 통해
하나님의 말씀을 매일 만나보세요.

하나님의 말씀에는
힘과 능력이 있습니다.

이 책을 통해
독자분들이 날마다
하나님의 말씀을 마음에 심고
삶으로 살아내시길 바랍니다.

하루하루 달력을 넘길 때마다
한줌 한줌 주님의 사랑이 심겨
삶 속에 아름답게 열매 맺길 축복합니다.

햇살콩 김나단 × 김연선

12.30

내 사랑아,
네게는 이 땅의 삶이 끝이 아니라
이미 약속된 하나님나라가 있단다.

믿음을 굳게 지키고 나를 따르렴.
내가 이미 이긴 싸움이란다.

히브리서 3:12

형제들아 너희는 삼가 혹 너희 중에 누가 믿지 아니하는 악한 마음을 품고
살아계신 하나님에게서 떨어질까 조심할 것이요

365일, 당신의 마음에
말씀의 씨앗이 심겨
주님의 사랑으로 열매 맺기를!

January

1

햇살콩 한줌묵상 365

12.29

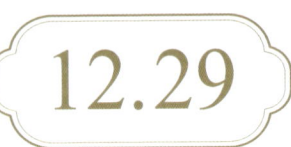

하나님은 계속 우리에게 말씀하십니다.

'너는 무가치하지 않아. 너는 내 자녀야.
너를 사랑하고 사랑한다.'

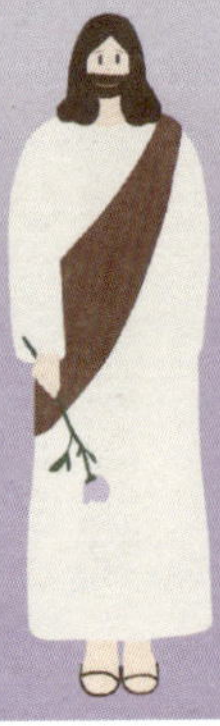

히브리서 13:8

예수 그리스도는 어제나 오늘이나 영원토록 동일하시니라

01.01

세상의 그 어떤 것보다
주님의 말씀을 가까이 하는
한 해가 되길 축복합니다

시편 119:105
주의 말씀은 내 발에 등이요 내 길에 빛이니이다

12.28

내 욕심을 내려놓고
손해 보더라도
주님이 기뻐하시는 일이라면
기꺼이 하게 해주세요.

갈라디아서 1:10

이제 내가 사람들에게 좋게 하랴 하나님께 좋게 하랴 사람들에게 기쁨을 구하랴
내가 지금까지 사람들의 기쁨을 구하였다면 그리스도의 종이 아니니라

01.02

내 사랑아, 기도하렴.
나는 네 작은 목소리에도
귀를 기울이고 있단다.

베드로전서 3:12
주의 눈은 의인을 향하시고 그의 귀는 의인의 간구에 기울이시되

12.27

시편 8:3,4

주의 손가락으로 만드신 주의 하늘과 주께서 베풀어 두신 달과 별들을 내가 보오니 사람이 무엇이기에 주께서 그를 생각하시며 인자가 무엇이기에 주께서 그를 돌보시나이까

01.03

두려워하지 마십시오
당신은 혼자가 아닙니다
오늘, 성령님이 당신과 함께하신다는
'진리'를 믿으십시오

요한복음 14:16

내가 아버지께 구하겠으니
그가 또 다른 보혜사를 너희에게 주사 영원토록 너희와 함께 있게 하리니

12.26

주님이 기뻐하시는 일을
제게 맡기셨으니
제가 할 일은
순종과 신뢰임을 믿습니다.

제 생각과 걱정이 앞서지 않게 하시고,
하나님의 선한 뜻을 끝까지 붙들게 하소서.

미가 7:7
오직 나는 여호와를 우러러보며 나를 구원하시는 하나님을 바라보나니
나의 하나님이 나에게 귀를 기울이시리로다

01.04

올 한 해 우리 삶에
하나님의 위로와 사랑이 가득하고,
'믿음의 근력'이 자라며 더 성장하기를 기도합니다.

에베소서 1:11
모든 일을 그의 뜻의 결정대로 일하시는 이의 계획을 따라
우리가 예정을 입어 그 안에서 기업이 되었으니

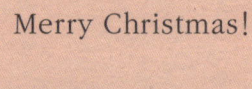

Merry Christmas!

예수 그리스도의 나심을
온 맘 다해 찬양합니다!

누가복음 2:14

지극히 높은 곳에서는 하나님께 영광이요
땅에서는 하나님이 기뻐하신 사람들 중에 평화로다 하니라

01.05

선한 일을 포기하고 싶어지는 순간,
하나님이 주실 상급을 바라보십시오.
인내하고 섬길 힘을 우리에게 허락하실 것입니다.

빌립보서 3:14

푯대를 향하여 그리스도 예수 안에서
하나님이 위에서 부르신 부름의 상을 위하여 달려가노라

12.24

이사야 43:1
너는 두려워하지 말라 내가 너를 구속하였고
내가 너를 지명하여 불렀나니 너는 내 것이라

01.06

미가 6:8
사람아 주께서 선한 것이 무엇임을 네게 보이셨나니
여호와께서 네게 구하시는 것은 오직 정의를 행하며 인자를 사랑하며
겸손하게 네 하나님과 함께 행하는 것이 아니냐

12.23

한 해를 돌아보니
부끄러움투성이지만
모든 순간 동행해주신 주님으로 인해
그 부끄러운 얼룩들이
아름다운 별처럼 찬란히 반짝입니다.

에베소서 5:8,9
너희가 전에는 어둠이더니 이제는 주 안에서 빛이라 빛의 자녀들처럼 행하라
빛의 열매는 모든 착함과 의로움과 진실함에 있느니라

01.07

시편 13:5,6
나는 오직 주의 사랑을 의지하였사오니 나의 마음은 주의 구원을 기뻐하리이다
내가 여호와를 찬송하리니 이는 주께서 내게 은덕을 베푸심이로다

12.22

세상의 소음을 끄고,
잠잠히 하나님의 음성을 듣기 원합니다.
지친 영혼이 하나님의 말씀 안에서
진정한 쉼을 얻습니다.

이사야 30:15

주 여호와 이스라엘의 거룩하신 이가 이같이 말씀하시되
너희가 돌이켜 조용히 있어야 구원을 얻을 것이요
잠잠하고 신뢰하여야 힘을 얻을 것이거늘 너희가 원하지 아니하고

01.08

정직한 삶은 손해 보는 삶이 아니라
하나님의 마음을 흡족하게 하는 삶입니다.
주님의 자랑이 되는 삶을 사십시오.

시편 64:10
의인은 여호와로 말미암아 즐거워하며 그에게 피하리니
마음이 정직한 자는 다 자랑하리로다

12.21

우리가 예수님을 믿을 수 있는 건
누군가 우리에게 '복음'을 전했기 때문이에요.
이제, 이 기쁜 소식을 전할 사람은
바로 우리입니다.

로마서 10:14,15

그런즉 그들이 믿지 아니하는 이를 어찌 부르리요 듣지도 못한 이를 어찌 믿으리요
전파하는 자가 없이 어찌 들으리요 보내심을 받지 아니하였으면 어찌 전파하리요
기록된 바 아름답도다 좋은 소식을 전하는 자들의 발이여 함과 같으니라

01.09

시편 27:14

너는 여호와를 기다릴지어다
강하고 담대하며 여호와를 기다릴지어다

12.20

어둠을 이기시고 생명을 주시려고
낮고 낮은 자리에 오신 예수님,
그 은혜를 묵상하며 성탄을 기다립니다.

요한복음 3:16
하나님이 세상을 이처럼 사랑하사 독생자를 주셨으니
이는 그를 믿는 자마다 멸망하지 않고 영생을 얻게 하심이라

01.10

내 사랑아,
네 안의 어둠이 아무리 짙어도
나는 밝게 비출 수 있단다.
두려워 말고 내 빛 가운데로 나아오렴.

시편 65:2
기도를 들으시는 주여 모든 육체가 주께 나아오리이다

12.19

내 사랑아,
네가 극도로 외로울 때
내가 네 고통과 약함을 알고
널 위해 기도하고 있음을 기억하렴.

내가 네 희망과 힘이 되니,
내게 도움을 요청하렴.

로마서 8:26
이와 같이 성령도 우리의 연약함을 도우시나니
우리는 마땅히 기도할 바를 알지 못하나
오직 성령이 말할 수 없는 탄식으로 우리를 위하여 친히 간구하시느니라

01.11

주님 제 안에 자리잡은
욕심과 자아, 미움과 다툼
시기와 질투를 버리고
온전히 사랑하며 살게 하소서

요한일서 4:20

누구든지 하나님을 사랑하노라 하고 그 형제를 미워하면 이는 거짓말하는 자니
보는 바 그 형제를 사랑하지 아니하는 자는 보지 못하는 바
하나님을 사랑할 수 없느니라

12.18

주님,
우리의 믿음이 성장하기 원합니다.
매일 조금씩이라도 삶이 변화되게 하시고
주님의 형상을 닮아가게 하소서.

데살로니가후서 1:3
형제들아 우리가 너희를 위하여 항상 하나님께 감사할지니 이것이 당연함은
너희의 믿음이 더욱 자라고 너희가 다 각기 서로 사랑함이 풍성함이니

01.12

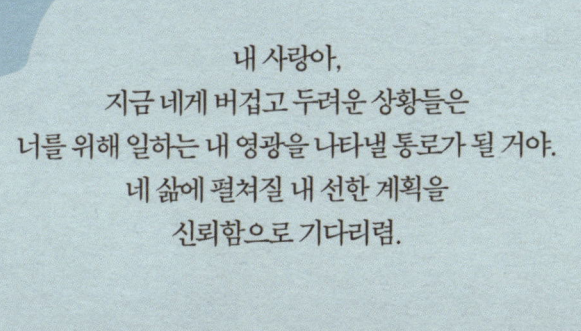

내 사랑아,
지금 네게 버겁고 두려운 상황들은
너를 위해 일하는 내 영광을 나타낼 통로가 될 거야.
네 삶에 펼쳐질 내 선한 계획을
신뢰함으로 기다리렴.

출애굽기 6:7
너희를 내 백성으로 삼고 나는 너희의 하나님이 되리니
나는 애굽 사람의 무거운 짐 밑에서 너희를 빼낸
너희의 하나님 여호와인 줄 너희가 알지라

내 사랑아,
나는 너를 기뻐하고, 잠잠히 사랑하며,
너로 말미암아 기쁨의 노래를 부른단다.

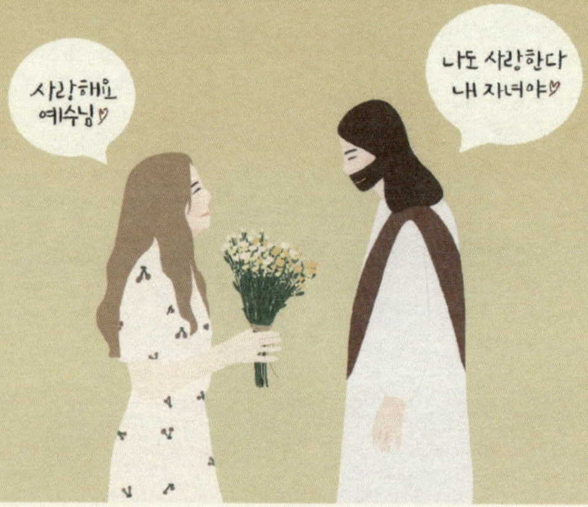

아가 4:7
나의 사랑 너는 어여쁘고 아무 흠이 없구나

01.13

하나님의 선하심을 노래합니다
여호와의 사랑을,
나의 요새, 나의 산성,
나의 방패 되심을 찬양하는
한 날이 되기를 소망합니다

시편 144:2
여호와는 나의 사랑이시요 나의 요새이시요 나의 산성이시요
나를 건지시는 이시요 나의 방패이시니 내가 그에게 피하였고
그가 내 백성을 내게 복종하게 하셨나이다

12.16

내 사랑아,
염려하고 불안해하며 살지 마라.
네 근심거리를 내게 가져오렴.

빌립보서 4:6
아무것도 염려하지 말고 다만 모든 일에 기도와 간구로,
너희 구할 것을 감사함으로 하나님께 아뢰라

01.14

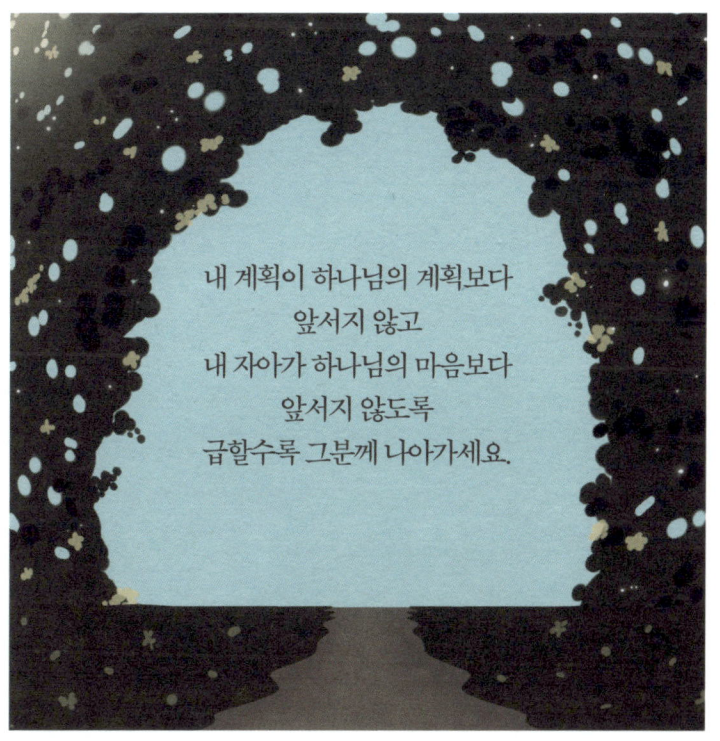

내 계획이 하나님의 계획보다
앞서지 않고
내 자아가 하나님의 마음보다
앞서지 않도록
급할수록 그분께 나아가세요.

마태복음 22:37

예수께서 이르시되 네 마음을 다하고 목숨을 다하고 뜻을 다하여
주 너의 하나님을 사랑하라 하셨으니

12.15

요한일서 4:10
사랑은 여기 있으니 우리가 하나님을 사랑한 것이 아니요
하나님이 우리를 사랑하사 우리 죄를 속하기 위하여
화목제물로 그 아들을 보내셨음이라

01.15

시편 39:7
주여 이제 내가 무엇을 바라리요 나의 소망은 주께 있나이다

12.14

주님,
제 마음의 아픔과 고통을 만져주세요.
기쁨과 감사를 회복시켜 주세요.

시편 31:9
여호와여 내가 고통 중에 있사오니 내게 은혜를 베푸소서
내가 근심 때문에 눈과 영혼과 몸이 쇠하였나이다

01.16

제 안에 자리잡은 부정한 모습과
악한 생각을 주님 앞에 내려놓습니다.
반복된 죄악의 고리를 끊을 수 있도록
주님, 저를 불쌍히 여기시고
주님의 능력으로 제 연약함을 덮어주세요.

이사야 55:7
악인은 그의 길을, 불의한 자는 그의 생각을 버리고 여호와께로 돌아오라
그리하면 그가 긍휼히 여기시리라 우리 하나님께로 돌아오라
그가 너그럽게 용서하시리라

12.13

골로새서 3:17
또 무엇을 하든지 말에나 일에나 다 주 예수의 이름으로 하고
그를 힘입어 하나님 아버지께 감사하라

01.17

나를 향한 주님의 말씀은
신실합니다
주님의 약속은 이루어집니다
주님의 이름을 찬양합니다

마가복음 11:24
그러므로 내가 너희에게 말하노니 무엇이든지 기도하고
구하는 것은 받은 줄로 믿으라 그리하면 너희에게 그대로 되리라

12.12

주일의 은혜는
일상의 예배로 이어져야 합니다.
우리는 언제 어디서나
그리스도인이기 때문입니다.

로마서 12:2
너희는 이 세대를 본받지 말고 오직 마음을 새롭게 함으로 변화를 받아
하나님의 선하시고 기뻐하시고 온전하신 뜻이 무엇인지 분별하도록 하라

네가 눈을 뜨면서부터 나를 찾고
말씀을 읽으며 마음에 새기고
내 뜻을 물으며 사는 모든 일상이
내 참된 기쁨이자 행복이란다.

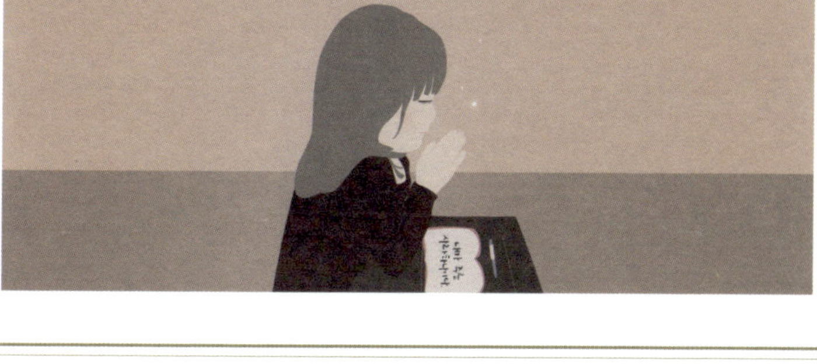

스바냐 3:17

너의 하나님 여호와가 너의 가운데에 계시니 그는 구원을 베푸실 전능자이시라
그가 너로 말미암아 기쁨을 이기지 못하시며 너를 잠잠히 사랑하시며
너로 말미암아 즐거이 부르며 기뻐하시리라 하리라

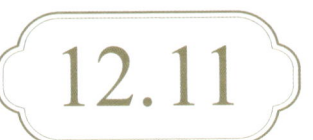

우리 하나님은
인색하거나 쩨쩨한 분이 아니십니다.
우리가 공허함으로 목말라할 때,
영혼의 양식을 넘치도록 주시는 분입니다.

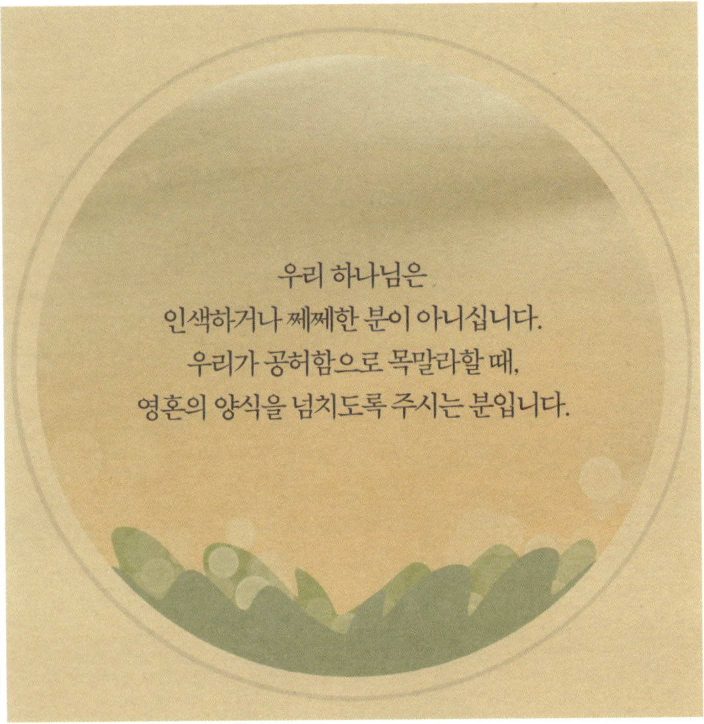

이사야 55:2

너희가 어찌하여 양식이 아닌 것을 위하여 은을 달아주며 배부르게 하지 못할 것을
위하여 수고하느냐 내게 듣고 들을지어다 그리하면 너희가 좋은 것을 먹을 것이며
너희 자신들이 기름진 것으로 즐거움을 얻으리라

01.19

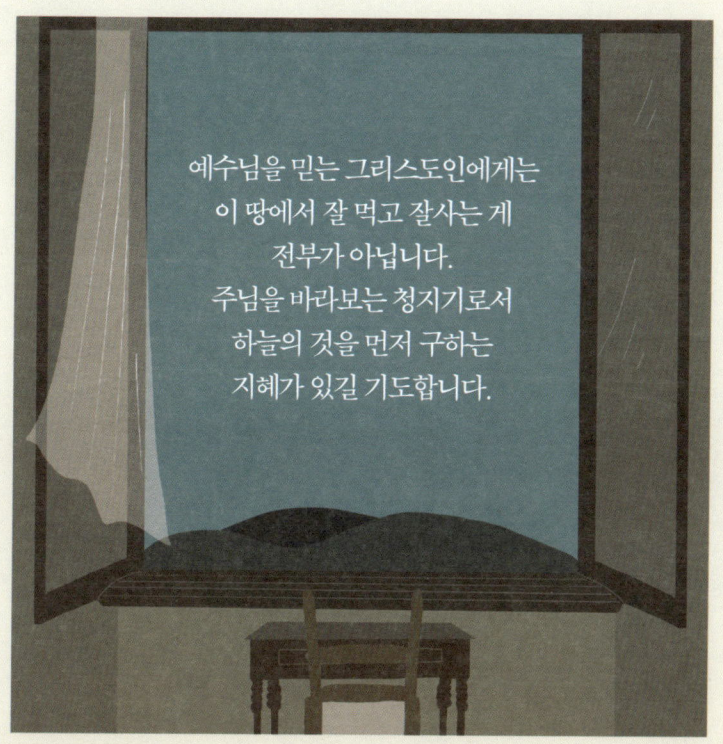

예수님을 믿는 그리스도인에게는
이 땅에서 잘 먹고 잘사는 게
전부가 아닙니다.
주님을 바라보는 청지기로서
하늘의 것을 먼저 구하는
지혜가 있길 기도합니다.

마태복음 6:31,32

그러므로 염려하여 이르기를 무엇을 먹을까 무엇을 마실까 무엇을 입을까 하지 말라
이는 다 이방인들이 구하는 것이라
너희 하늘 아버지께서 이 모든 것이 너희에게 있어야 할 줄을 아시느니라

12.10

누가복음 17:15,16

그중의 한 사람이 자기가 나은 것을 보고 큰 소리로 하나님께 영광을 돌리며
돌아와 예수의 발 아래에 엎드리어 감사하니 그는 사마리아 사람이라

01.20

신명기 8:18

네 하나님 여호와를 기억하라 그가 네게 재물 얻을 능력을 주셨음이라
이같이 하심은 네 조상들에게 맹세하신 언약을 오늘과 같이 이루려 하심이니라

12.09

빈틈없이 행복할 때와
마음이 한없이 무너져 내릴 때도
저와 동행하시는 주님께
제 모든 순간을 올려드립니다.

시편 50:15

환난 날에 나를 부르라
내가 너를 건지리니 네가 나를 영화롭게 하리로다

01.21

내 사랑아, 네게 많은 계획이 있더라도
내게 그 걸음을 물으렴.
내 말씀이 너를 인도할 거란다.
너와 함께하는 하루하루가 내 기쁨이란다!

잠언 16:9

사람이 마음으로 자기의 길을 계획할지라도
그의 걸음을 인도하시는 이는 여호와시니라

12.08

내 사랑아,
외로움과 절망 속에 있는 자에게
생명의 말을 건네보렴.
내가 그 시간에 함께할 것이다.

고린도후서 2:15

우리는 구원 받는 자들에게나 망하는 자들에게나
하나님 앞에서 그리스도의 향기니

01.22

백 세의 아브라함에게 아들을 주시고,
구원을 선포하기 위해
독생자 예수님을 이 땅 가운데 보내신 하나님,

수백 년 전이나 지금이나
언약을 신실하게 이루시는 은혜의 하나님이
동일한 사랑으로 우리를 돌보심을 신뢰합니다.

다니엘 9:4
내 하나님 여호와께 기도하며 자복하여 이르기를
크시고 두려워할 주 하나님, 주를 사랑하고 주의 계명을 지키는 자를 위하여
언약을 지키시고 그에게 인자를 베푸시는 이시여

12.07

주님, 제 전신갑주를
늘 점검하겠습니다.
매일의 영적 전쟁에서 승리하도록
저와 함께해주세요.

에베소서 6:13
그러므로 하나님의 전신갑주를 취하라
이는 악한 날에 너희가 능히 대적하고 모든 일을 행한 후에 서기 위함이라

01.23

시편 147:11
여호와는 자기를 경외하는 자들과
그의 인자하심을 바라는 자들을 기뻐하시는도다

12.06

오늘도 하나님은
당신의 삶에 찾아가셔서 노크하십니다.

마음과 생각의 문을 주님께 열고
사랑의 임재를 경험하십시오.

요한계시록 3:20

볼지어다 내가 문 밖에 서서 두드리노니 누구든지 내 음성을 듣고 문을 열면
내가 그에게로 들어가 그와 더불어 먹고 그는 나와 더불어 먹으리라

01.24

나는 자비가 풍성하신
하나님을 자랑합니다.

영원토록 변함없는 사랑의 근원이신
주님을 자랑합니다.

나를 위해 십자가를 지시고 구원을 이루신
예수 그리스도를 자랑합니다.

내가 살아가는 이유가 되시는
여호와 하나님을 찬양합니다!

예레미야 9:24

자랑하는 자는 이것으로 자랑할지니 곧 명철하여 나를 아는 것과
나 여호와는 사랑과 정의와 공의를 땅에 행하는 자인 줄 깨닫는 것이라
나는 이 일을 기뻐하노라 여호와의 말씀이니라

12.05

하나님 앞으로 나아가
날마다 새로운 회복을 경험하십시오.
반드시 상처가 치유되고,
성장하며, 변화될 것입니다.

예레미야 30:17

여호와의 말씀이니라 그들이 쫓겨난 자라 하매 시온을 찾는 자가 없은즉
내가 너의 상처로부터 새살이 돋아나게 하여 너를 고쳐주리라

01.25

지금은 다 알 수 없지만
나를 향한 주님의 크신 계획이 있음을
믿음으로 신뢰하게 해주세요

창세기 15:6
아브람이 여호와를 믿으니
여호와께서 이를 그의 의로 여기시고

12.04

굽이굽이 험한 길을 혼자 걸어온 것 같지만
돌아보니 주님의 보호하심만 가득합니다.

한 치 앞을 알 수 없지만
나를 위해 그분이 계획하신 놀라운 일들을
기대하며 나아갑니다.

이사야 55:9

이는 하늘이 땅보다 높음같이 내 길은 너희의 길보다 높으며
내 생각은 너희의 생각보다 높음이니라

01.26

세상의 삐뚤어진 가치관 속에서
내 존재 가치가 의심스러울 때면
나를 기쁨으로 빚어주신
하나님의 손길을 되새깁니다.

당신의 형상대로 나를 창조하시고
심히 기뻐하셨던 주님의 마음을 바라봅니다.

창세기 1:31
하나님이 지으신 그 모든 것을 보시니 보시기에 심히 좋았더라

12.03

고난으로 인해 흔들리지 마십시오.
주님의 크신 권능 아래 믿음을 굳게 지키십시오.
당신을 보호하시는 그분을
전적으로 신뢰하십시오.

시편 34:19,20

의인은 고난이 많으나 여호와께서 그의 모든 고난에서 건지시는도다
그의 모든 뼈를 보호하심이여 그중에서 하나도 꺾이지 아니하도다

01.27

모든 순간 우리와 동행해주시는
주님 한분으로 인해
우리의 삶은 온통 감사로
물들어갑니다

시편 9:1
내가 전심으로 여호와께 감사하오며
주의 모든 기이한 일들을 전하리이다

12.02

겸손히 주님의 임재를 기다리며
그분의 뜻을 구하며
찬양하기 원합니다

신명기 6:5
너는 마음을 다하고 뜻을 다하고 힘을 다하여
네 하나님 여호와를 사랑하라

01.28

길가에 핀 작은 꽃들도
하늘을 수놓은 반짝이는 별들도
내 곁에 있는 소중한 사람도
모두 주님이 창조하신 보석입니다.

창세기 1:1

태초에 하나님이 천지를 창조하시니라

12.01

원수의 불행과 어려움을 당연시하기보다
주님을 모른 채 어려움에 처한
그 영혼을 위해 기도하게 해주세요.

모든 영혼을 동일하게 아끼고 사랑하시는
주님의 마음을 닮아가기 원합니다.

에스겔 33:11

너는 그들에게 말하라 주 여호와의 말씀이니라 나의 삶을 두고 맹세하노니
나는 악인이 죽는 것을 기뻐하지 아니하고 악인이 그의 길에서 돌이켜
떠나 사는 것을 기뻐하노라 이스라엘 족속아 돌이키고 돌이키라

01.29

요한복음 14:1

너희는 마음에 근심하지 말라
하나님을 믿으니 또 나를 믿으라

365일, 당신의 마음에
말씀의 씨앗이 심겨
주님의 사랑으로 열매 맺기를!

December

12

햇살콩 한줄묵상 365

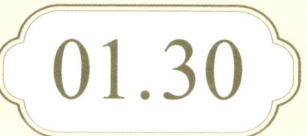

내가 얼마나 고생하고 수고하며
땀 흘려 일했는지보다
하나님의 뜻 가운데 온전히 행하며
그분의 말씀에 순종했는지가 먼저입니다.

시편 127:1

여호와께서 집을 세우지 아니하시면 세우는 자의 수고가 헛되며
여호와께서 성을 지키지 아니하시면 파수꾼의 깨어있음이 헛되도다

11.30

하나님은 흠이 없으시고 거룩하신 분입니다.

그분은 우리를 용납하고
용서하기 위해 기다리고 계십니다.

회개하는 일을 회피하지 마십시오.
그분 앞에 나아가기를 주저하지 마십시오.

신명기 30:16

곧 내가 오늘 네게 명령하여 네 하나님 여호와를 사랑하고 그 모든 길로 행하며
그의 명령과 규례와 법도를 지키라 하는 것이라 그리하면 네가 생존하며 번성할 것이요
또 네 하나님 여호와께서 네가 가서 차지할 땅에서 네게 복을 주실 것임이니라

01.31

우리는 세상의 이야기와 소음에
귀 기울이기보다
하나님의 말씀에 더욱
귀 기울여야 합니다

요한복음 15:4
내 안에 거하라 나도 너희 안에 거하리라
가지가 포도나무에 붙어있지 아니하면 스스로 열매를 맺을 수 없음같이
너희도 내 안에 있지 아니하면 그러하리라

11.29

상황에 요동치기보다는
모든 상황을 다스리시는
주님을 의지하십시오.

평안하거나 곤고한 날에도
여호와를 기뻐하고 찬양하십시오.

전도서 7:14

형통한 날에는 기뻐하고 곤고한 날에는 되돌아보아라
이 두 가지를 하나님이 병행하게 하사
사람이 그의 장래 일을 능히 헤아려 알지 못하게 하셨느니라

365일, 당신의 마음에
말씀의 씨앗이 심겨
주님의 사랑으로 열매 맺기를!

February

2

햇살콩 한줌묵상 365

11.28

물질을 사랑하는 자는
물질로 망하지만
하나님을 사랑하는 자는
은혜로 생명을 얻습니다

전도서 5:10

은을 사랑하는 자는 은으로 만족하지 못하고
풍요를 사랑하는 자는 소득으로 만족하지 아니하나니 이것도 헛되도다

02.01

내 사랑아, 감사하렴.
네게 감사할 특별한 이유가 없어 보여도
내가 너와 함께하는 것만으로도
충분히 감사할 이유가 된단다.

고린도전서 10:31
그런즉 너희가 먹든지 마시든지 무엇을 하든지
다 하나님의 영광을 위하여 하라

11.27

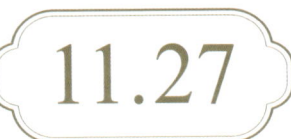

기도의 능력을 알면서 기도하지 않는 건
하나님을 의지하지 않는 것과 같습니다.
전지전능하신 주님께 삶을 맡겨드리십시오.

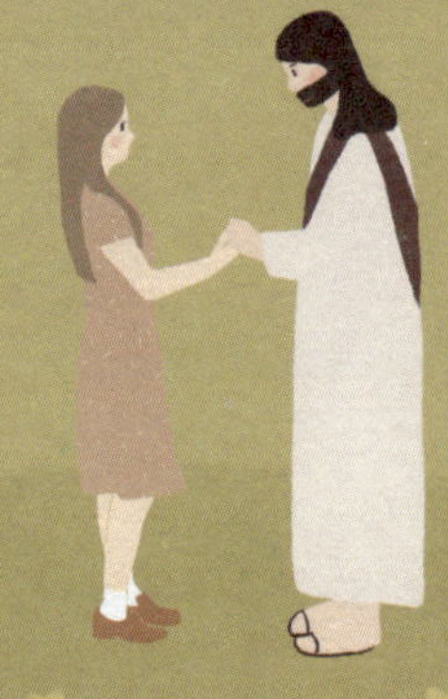

마가복음 1:35

새벽 아직도 밝기 전에 예수께서 일어나 나가 한적한 곳으로 가사
거기서 기도하시더니

02.02

하나님께
책망 받을 것이 없는 자로서
끝까지 믿음으로
살아가길 원합니다.

고린도전서 1:8

주께서 너희를 우리 주 예수 그리스도의 날에
책망할 것이 없는 자로 끝까지 견고하게 하시리라

11.26

작은 죄악을 쉽게 생각하면
순식간에 죄의 올무에 사로잡힙니다.

하나님의 말씀을 기준으로,
불의한 것에는 타협하지 않겠다고
마음을 굳게 정하십시오.

다니엘 1:8
다니엘은 뜻을 정하여
왕의 음식과 그가 마시는 포도주로 자기를 더럽히지 아니하리라 하고

02.03

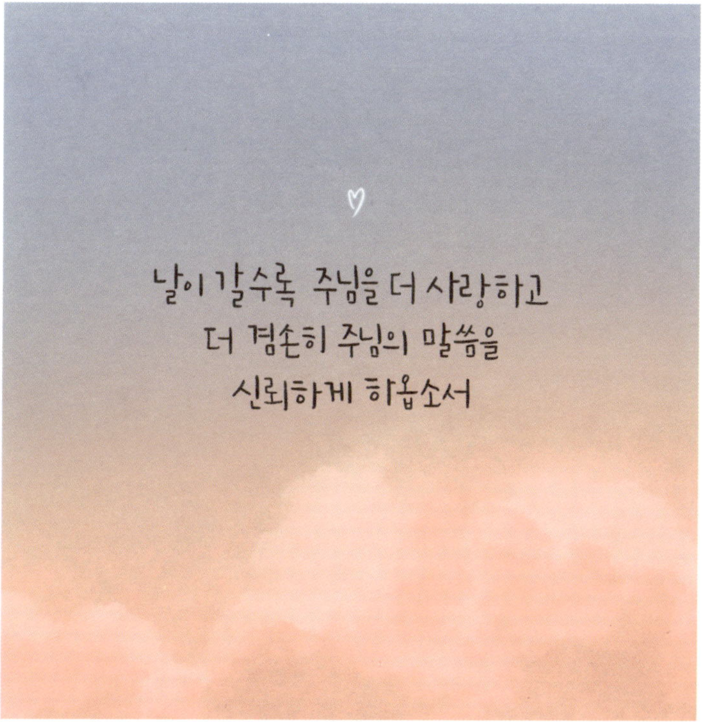

날이 갈수록 주님을 더 사랑하고
더 겸손히 주님의 말씀을
신뢰하게 하옵소서

에베소서 5:1
그러므로 사랑을 받는 자녀같이
너희는 하나님을 본받는 자가 되고

11.25

'나를 사랑하느냐?'
주님이 내게 물으실 때 지체함 없이
"주님을 마음 다해 사랑합니다"라고
고백하기를.

요한복음 21:15

요한의 아들 시몬아 네가 이 사람들보다 나를 더 사랑하느냐 하시니
이르되 주님 그러하나이다 내가 주님을 사랑하는 줄 주님께서 아시나이다

02.04

내 사랑아,
두려움으로부터 일어서라.

문제는 너를 주저앉게 만들지만
내 능력은 너를 앞으로 나아가게 한다.
의심하지 말고 나를 굳게 붙잡으렴.

민수기 14:9
다만 여호와를 거역하지는 말라 또 그 땅 백성을 두려워하지 말라
그들은 우리의 먹이라 그들의 보호자는 그들에게서 떠났고
여호와는 우리와 함께하시느니라 그들을 두려워하지 말라

11.24

시편 121:1,2
내가 산을 향하여 눈을 들리라 나의 도움이 어디서 올까
나의 도움은 천지를 지으신 여호와에게서로다

02.05

내 사랑아,
빛도 이름도 없이
묵묵히 주어진 일을 감당하는
네 헌신과 섬김을 내가 다 안단다

고린도전서 15:58
그러므로 내 사랑하는 형제들아 견실하며 흔들리지 말고
항상 주의 일에 더욱 힘쓰는 자들이 되라
이는 너희 수고가 주 안에서 헛되지 않은 줄 앎이라

11.23

한 영혼의 소중함을 깨닫기 원합니다.

길 잃고 방황하는 영혼을
사랑의 눈으로 바라보게 하시고,
그들에게 복음의 씨앗을 심는 용기를 주소서.

누가복음 15:4
너희 중에 어떤 사람이 양 백 마리가 있는데 그중의 하나를 잃으면
아흔아홉 마리를 들에 두고 그 잃은 것을 찾아내기까지 찾아다니지 아니하겠느냐

02.06

주님의 말씀을 마음에 새기십시오!
그 말씀이 삶의 등불이 될 것입니다.

방황하는 자,
낙심하는 자,
누구든지 주님을 찾으십시오.

시편 119:92,93

주의 법이 나의 즐거움이 되지 아니하였더면 내가 내 고난 중에 멸망하였으리이다
내가 주의 법도들을 영원히 잊지 아니하오니 주께서 이것들 때문에
나를 살게 하심이니이다

11.22

마태복음 5:16

이같이 너희 빛이 사람 앞에 비치게 하여
그들로 너희 착한 행실을 보고
하늘에 계신 너희 아버지께 영광을 돌리게 하라

02.07

주님이 당신을 그 자리에 세우신
분명한 동기와 목적이 있음을 기억하십시오
그 자리에서 사람을 위해서가 아니라
주님을 위해 일하십시오

로마서 8:28
우리가 알거니와 하나님을 사랑하는 자 곧 그의 뜻대로 부르심을 입은 자들에게는
모든 것이 합력하여 선을 이루느니라

11.21

사단이 뱀처럼 교묘하게 나를 유혹해 올 때,
예수님의 이름을 의지하여 선포하십시오.

"예수 그리스도의 이름으로 명하노니 떠나가라!"

마태복음 4:10
이에 예수께서 말씀하시되 사탄아 물러가라 기록되었으되
주 너의 하나님께 경배하고 다만 그를 섬기라 하였느니라

02.08

오늘 주님이 우리에게 요구하시는 것은
'믿음'입니다.

주님의 뜻을 구하며
부어주시는 그분의 마음에 순종하십시오.
"주님의 마음을 알기 원합니다"
겸손히 기도하십시오.

예레미야 29:13

너희가 온 마음으로 나를 구하면 나를 찾을 것이요 나를 만나리라

11.20

인생 끝에 후회가 남지 않도록
'지금' 최선을 다해 하나님을 섬기고
'지금' 온 맘 다해 하나님을 사랑하십시오.

전도서 12:1
너는 청년의 때에 너의 창조주를 기억하라
곧 곤고한 날이 이르기 전에, 나는 아무 낙이 없다고 할 해들이 가깝기 전에

02.09

요한복음 20:28
도마가 대답하여 이르되
나의 주님이시요 나의 하나님이시니이다

11.19

로마서 12:1
그러므로 형제들아 내가 하나님의 모든 자비하심으로 너희를 권하노니
너희 몸을 하나님이 기뻐하시는 거룩한 산 제물로 드리라
이는 너희가 드릴 영적 예배니라

02.10

하나님은
독생자 예수 그리스도를 내어주기까지
우리를 다함없이 '사랑'하십니다.

갈라디아서 6:14
그러나 내게는 우리 주 예수 그리스도의 십자가 외에 결코 자랑할 것이 없으니

11.18

내가 이 자리에 서 있는 건
모두 하나님의 은혜입니다.

그분의 은혜로 살았고,
그분의 은혜로 살아갑니다.

고린도전서 15:10
그러나 내가 나 된 것은 하나님의 은혜로 된 것이니
내게 주신 그의 은혜가 헛되지 아니하여 내가 모든 사도보다 더 많이 수고하였으나
내가 한 것이 아니요 오직 나와 함께하신 하나님의 은혜로라

02.11

기쁠 때 주님의 은혜를 생각하게 하시고
슬플 때 주님을 바라보게 하옵소서.
언제나 어디서나 주님의 사랑을
노래하게 하옵소서.

시편 22:24
그는 곤고한 자의 곤고를 멸시하거나 싫어하지 아니하시며
그의 얼굴을 그에게서 숨기지 아니하시고
그가 울부짖을 때에 들으셨도다

11.17

시편 17:8
나를 눈동자같이 지키시고 주의 날개 그늘 아래에 감추사

02.12

'마음을 다해 사랑한다'는 건
내 모든 소유를 아끼지 않고
언제나 곁에서 함께한다는 것입니다.

우린 주님께 그런 사랑을 받고
누리며 살아가고 있습니다.

역대상 29:17
나의 하나님이여 주께서 마음을 감찰하시고 정직을 기뻐하시는 줄을 내가 아나이다
내가 정직한 마음으로 이 모든 것을 즐거이 드렸사오며 이제 내가 또 여기 있는
주의 백성이 주께 자원하여 드리는 것을 보오니 심히 기쁘도소이다

11.16

내가 드러나고,
높아지고 싶은 마음이 들면
잠깐 멈추어 기도하십시오.

"내가 주님보다 높아지지 않게 하소서."
"내가 주님의 영광을 빼앗지 않게 하소서."

빌립보서 4:20
하나님 곧 우리 아버지께 세세 무궁하도록 영광을 돌릴지어다 아멘

02.13

로마서 5:3,4

다만 이뿐 아니라 우리가 환난 중에도 즐거워하나니 이는 환난은 인내를, 인내는 연단을, 연단은 소망을 이루는 줄 앎이로다

11.15

하나님은 우리의 작은 마음과
정성을 기뻐받으시고
모든 쓸 것을 채워주십니다

빌립보서 4:19
나의 하나님이 그리스도 예수 안에서 영광 가운데
그 풍성한 대로 너희 모든 쓸 것을 채우시리라

02.14

내 사랑아,
너는 혼자가 아니란다.

너를 괴롭히는 원수들을 통해서도
끝이 보이지 않는 광야의 상황을 통해서도
나는 쉬지 않고 일하고 있지.

나는 널 위해 언제나 일하고 있단다.

창세기 50:20

당신들은 나를 해하려 하였으나 하나님은 그것을 선으로 바꾸사
오늘과 같이 많은 백성의 생명을 구원하게 하시려 하셨나니

11.14

주님, 두렵고 떨립니다.
그러나 결과는 주님께 맡기고
함께하시는 주님을 온전히 의지하겠습니다.

누가복음 5:5
시몬이 대답하여 이르되
선생님 우리들이 밤이 새도록 수고하였으되 잡은 것이 없지마는
말씀에 의지하여 내가 그물을 내리리이다 하고

02.15

우리의 기도는 하늘에 쌓인다
하나님께서 우리의 목소리에
귀 기울여주신다

열왕기하 10:10
그런즉 이제 너희는 알라
곧 여호와께서 아합의 집에 대하여 하신 말씀은 하나도 땅에 떨어지지 아니하리라
여호와께서 그의 종 엘리야를 통하여 하신 말씀을 이제 이루셨도다 하니라

11.13

누가복음 1:37
대저 하나님의 모든 말씀은 능하지 못하심이 없느니라

02.16

주님을 모른 채 이 땅을 살아가는
수많은 영혼을 위해 기도합니다.

삶의 의미를 모른 채,
회의와 우울에 시달리는 인생들을 위로해주시고
주님이 이미 이루신 구원의 선물을 받게 해주세요.

집을 나서는 순간부터 제 모든 걸음이
구원의 기쁜 소식을 전하게 해주세요.

에스겔 36:26
또 새 영을 너희 속에 두고 새 마음을 너희에게 주되
너희 육신에서 굳은 마음을 제거하고 부드러운 마음을 줄 것이며

11.12

시편 115:15

너희는 천지를 지으신 여호와께 복을 받는 자로다

02.17

신앙과 교회의 기초는
오직 '십자가와 예수 그리스도'뿐입니다.

외관을 화려하게 치장하기보다
기초를 다지는 데 온 힘을 기울이십시오.

신앙과 교회를 건강히 세우는 자가 되십시오.

고린도전서 3:11
이 닦아둔 것 외에 능히 다른 터를 닦아둘 자가 없으니
이 터는 곧 예수 그리스도라

내 마음대로 살고 싶은 욕망,
남의 것을 탐내는 마음.

욕심과 탐심을 십자가 앞에 내려놓고
하나님께 겸손히 나아가기 원합니다.

갈라디아서 5:24

그리스도 예수의 사람들은 육체와 함께
그 정욕과 탐심을 십자가에 못 박았느니라

02.18

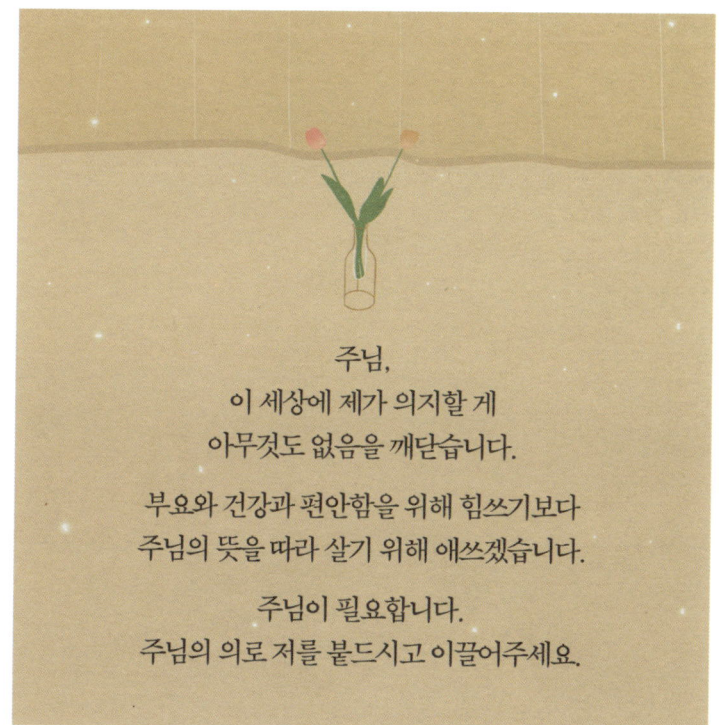

주님,
이 세상에 제가 의지할 게
아무것도 없음을 깨닫습니다.

부요와 건강과 편안함을 위해 힘쓰기보다
주님의 뜻을 따라 살기 위해 애쓰겠습니다.

주님이 필요합니다.
주님의 의로 저를 붙드시고 이끌어주세요.

역대상 21:8
다윗이 하나님께 아뢰되 내가 이 일을 행함으로 큰 죄를 범하였나이다
이제 간구하옵나니 종의 죄를 용서하여 주옵소서
내가 심히 미련하게 행하였나이다 하니라

11.10

내 사랑아,
기도하고 성경을 펼치렴.

성경은 등불과 같아서
네 앞길을 밝혀준단다.
네가 오늘 할 일들을 내게 이야기하고
내 도움을 구하렴.

시편 119:116
주의 말씀대로 나를 붙들어 살게 하시고
내 소망이 부끄럽지 않게 하소서

02.19

질투와 시기로 얼룩진 마음을 청소하고,
하나님의 사랑으로 채우겠습니다.
진실한 말로 상대를 세우며 생명을 살리겠습니다.
주님이 기뻐하시는 삶의 자리를 사수하겠습니다.

잠언 8:13
여호와를 경외하는 것은 악을 미워하는 것이라
나는 교만과 거만과 악한 행실과 패역한 입을 미워하느니라

11.09

내 사랑아,
네 삶 전부를 내게 맡겨라.
염려와 계획과 상처 모두 내게 맡겨라.

디모데후서 1:12

이로 말미암아 내가 또 이 고난을 받되 부끄러워하지 아니함은
내가 믿는 자를 내가 알고 또한 내가 의탁한 것을
그날까지 그가 능히 지키실 줄을 확신함이라

02.20

사무엘상 15:22
사무엘이 이르되 여호와께서 번제와 다른 제사를
그의 목소리를 청종하는 것을 좋아하심같이 좋아하시겠나이까
순종이 제사보다 낫고 듣는 것이 숫양의 기름보다 나으니

11.08

내 사랑아,
다른 사람을 쉽게 판단하지 마라.
항상 자신을 먼저 돌아보고,
사랑과 은혜를 구하렴.

로마서 2:1
그러므로 남을 판단하는 사람아, 누구를 막론하고 네가 핑계하지 못할 것은
남을 판단하는 것으로 네가 너를 정죄함이니 판단하는 네가 같은 일을 행함이니라

02.21

졸지도 쉬지도 않고 우리를 지키시는
사랑의 하나님을 의지하십시오.

모든 것이 빠르게 변화하는 세상 속에서
용감하게 살아가십시오.

시편 121:3

여호와께서 너를 실족하지 아니하게 하시며
너를 지키시는 이가 졸지 아니하시리로다

11.07

반복하여 저지르는 죄를
방치하지 말고 즉시 회개하십시오.

하나님은 회개하는 자의 간구를
외면치 않으십니다.

사도행전 8:22

그러므로 너의 이 악함을 회개하고 주께 기도하라
혹 마음에 품은 것을 사하여 주시리라

02.22

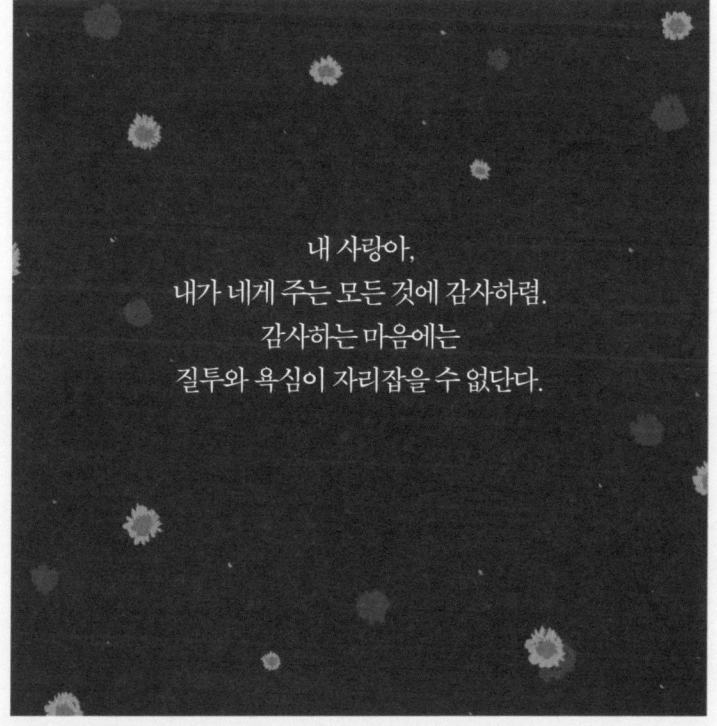

내 사랑아,
내가 네게 주는 모든 것에 감사하렴.
감사하는 마음에는
질투와 욕심이 자리잡을 수 없단다.

빌립보서 4:11
내가 궁핍하므로 말하는 것이 아니니라
어떠한 형편에든지 나는 자족하기를 배웠노니

만약 그리스도인이라는 이유만으로
고난을 받고 있다면
부끄러워하지 말고 오히려 기뻐하세요.
당신의 믿음이 성숙해질 좋은 기회입니다.

베드로전서 4:13
오히려 너희가 그리스도의 고난에 참여하는 것으로 즐거워하라
이는 그의 영광을 나타내실 때에 너희로 즐거워하고 기뻐하게 하려 함이라

02.23

삶의 자리에서
하나님을 찬양하며
하나님을 자랑하십시오
그분의 영광을 위해 살아가십시오

역대상 16:9
그에게 노래하며 그를 찬양하고
그의 모든 기사를 전할지어다

11.05

에베소서 5:18

술 취하지 말라 이는 방탕한 것이니
오직 성령으로 충만함을 받으라

02.24

내 사랑아,
죄의 자리에 거하지 않기 위해 몸부림쳐라.
어둠 속에 있다면
즉시 발걸음을 돌려 빛으로 나아오렴.

신명기 22:21
너희 가운데서 악을 제할지니라

11.04

우리는 저마다
특별한 은사를 받았습니다.
하나님이 주신 재능과 달란트를
기쁨과 감사함으로
그분을 위해 사용하십시오.

로마서 12:6
우리에게 주신 은혜대로 받은 은사가 각각 다르니
혹 예언이면 믿음의 분수대로

02.25

예수님처럼
가난한 자, 병든 자, 몸과 마음이 상한 자를
외면하지 않고
먼저 손을 내밀어 섬기게 하소서.
- 예수님 닮아가게 하소서.

야고보서 1:27
하나님 아버지 앞에서 정결하고 더러움이 없는 경건은
곧 고아와 과부를 그 환난 중에 돌보고
또 자기를 지켜 세속에 물들지 아니하는 그것이니라

11.03

누구나 유혹을 받습니다.
유혹이 다가올 때
즉각 하나님께로 가십시오.
예비하신 길로 인도해달라고 기도하십시오.

야고보서 4:7

그런즉 너희는 하나님께 복종할지어다
마귀를 대적하라 그리하면 너희를 피하리라

02.26

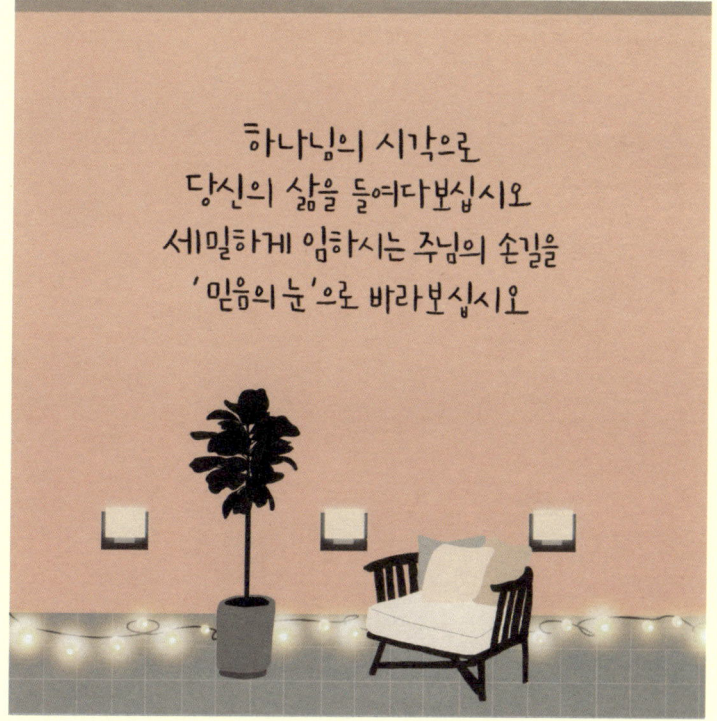

하나님의 시각으로
당신의 삶을 들여다보십시오
세밀하게 임하시는 주님의 손길을
'믿음의 눈'으로 바라보십시오

시편 146:5
야곱의 하나님을 자기의 도움으로 삼으며
여호와 자기 하나님에게 자기의 소망을 두는 자는 복이 있도다

11.02

잠언 16:8
적은 소득이 공의를 겸하면 많은 소득이 불의를 겸한 것보다 나으니라

02.27

시편 84:11

여호와 하나님은 해요 방패이시라
여호와께서 은혜와 영화를 주시며
정직하게 행하는 자에게 좋은 것을 아끼지 아니하실 것임이니이다

11.01

"나는 그리스도인입니다."
"나는 하나님의 사랑받는 자녀입니다."

부끄러워 말고, 두려워 말고
세상에 당당히 선포하십시오.

디모데후서 1:8
그러므로 너는 내가 우리 주를 증언함과
또는 주를 위하여 갇힌 자 된 나를 부끄러워하지 말고
오직 하나님의 능력을 따라 복음과 함께 고난을 받으라

02.28

복수는 우리 몫이 아니라
하나님 몫임을 기억하십시오.
누군가에게 복수하고픈 마음이 들 때마다
마음과 생각을 지켜달라고 기도하십시오.

로마서 12:19
내 사랑하는 자들아 너희가 친히 원수를 갚지 말고 하나님의 진노하심에 맡기라
기록되었으되 원수 갚는 것이 내게 있으니 내가 갚으리라고 주께서 말씀하시니라

365일, 당신의 마음에
말씀의 씨앗이 심겨
주님의 사랑으로 열매 맺기를!

November

11

햇살콩 한줌묵상 365

02.29

구름 기둥과 불 기둥으로
이스라엘 백성을 이끄신 것처럼,
하나님은 당신보다 앞서 가십니다.
그리고 옆에서, 뒤에서
당신을 보호하며 격려해주십니다.

출애굽기 13:22

낮에는 구름 기둥, 밤에는 불 기둥이 백성 앞에서 떠나지 아니하니라

10/31

우리가 받은 구원은
우리의 어떠함 때문이 아니라
오직 하나님의 능력과 지혜와 은혜로 된 것입니다.
우리 스스로 자랑할 것이 없고,
오직 그리스도만 자랑해야 합니다.

고린도전서 1:24,25

오직 부르심을 받은 자들에게는 유대인이나 헬라인이나
그리스도는 하나님의 능력이요 하나님의 지혜니라
하나님의 어리석음이 사람보다 지혜롭고 하나님의 약하심이 사람보다 강하니라

365일, 당신의 마음에
말씀의 씨앗이 심겨
주님의 사랑으로 열매 맺기를!

March

3

햇살콩 한줌묵상 365

10/30

PRAY FOR US

목마른 사슴이 시냇물을 찾듯이
하나님을 더욱 갈망합니다.
슬픔 속에 있을지라도 그 갈망과 소망 속에서
하나님의 임재를 깊이 경험하게 해주세요.

시편 42:5

내 영혼아 네가 어찌하여 낙심하며 어찌하여 내 속에서 불안해하는가
너는 하나님께 소망을 두라 그가 나타나 도우심으로 말미암아
내가 여전히 찬송하리로다

03 / 01

하나님이 기쁨으로 여기시기에
"내가 가진 것은 내 것이 아니라
모두 주님의 것입니다"
고백하며 흘려보내고 나누는
청지기의 삶을 살아갑니다.

베드로전서 4:10

각각 은사를 받은 대로 하나님의 여러 가지 은혜를 맡은 선한 청지기같이 서로 봉사하라

10/29

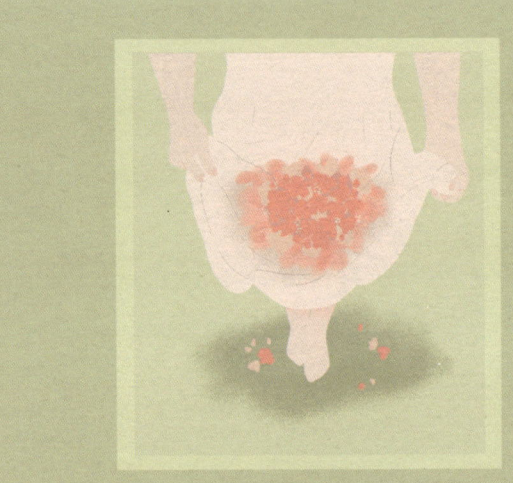

나의 힘,
나의 방패, 나의 구원자
하나님을 온 맘 다해 찬양합니다.

잠언 30:5
하나님의 말씀은 다 순전하며 하나님은 그를 의지하는 자의 방패시니라

03/02

주님은 특별한 지위나 자격이 있는
사람을 부르지 않으시고
부르신 사람에게
감당할 힘과 자격을 주십니다.

그리스도의 부르심에 믿음으로 반응하십시오.

에베소서 2:8

너희는 그 은혜에 의하여 믿음으로 말미암아 구원을 받았으니
이것은 너희에게서 난 것이 아니요 하나님의 선물이라

10/28

시편 51:10

하나님이여 내 속에 정한 마음을 창조하시고 내 안에 정직한 영을 새롭게 하소서

03/03

매 순간 기도하십시오.
우리의 기도는 결코 땅에 떨어지지 않으며
간절한 기도는 놀라운 힘이 있습니다.

스가랴 8:22

많은 백성과 강대한 나라들이 예루살렘으로 와서 만군의 여호와를 찾고
여호와께 은혜를 구하리라

10/27

하나님의 일하심에는 때가 있습니다.
인생의 시간표는
오직 그분께 달려있습니다.

전도서 3:17
모든 소망하는 일과 모든 행사에 때가 있음이라

03

04

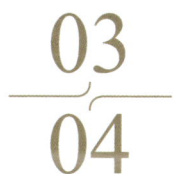

개인의 신앙은 그 누구도
지켜주지 못합니다.
나태하고 게을러진 믿음을 점검하고
하나님과 일대일 관계를
다시 쌓아가며 회복하세요.

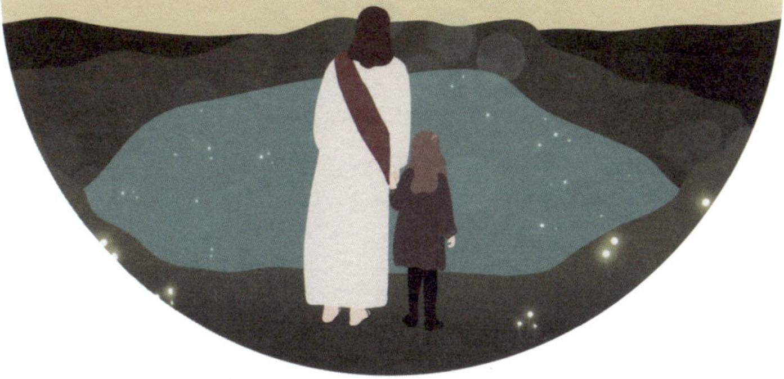

예레미야 29:12

너희가 내게 부르짖으며 내게 와서 기도하면 내가 너희들의 기도를 들을 것이요

세상의 소음보다
하나님의 말씀에 귀 기울이세요.
매일 묵상하는 하나님의 말씀이
우리의 삶의 방향과 속도를
올바르고 아름답게 인도하기를 소망합니다.

에베소서 2:22

너희도 성령 안에서 하나님이 거하실 처소가 되기 위하여
그리스도 예수 안에서 함께 지어져 가느니라

03/05

주님을 '아는' 삶이 아닌
주님을 '믿는' 삶을 살겠습니다.
제 곁에서 동행하시는 주님과
'작은 천국'을 누리며 살아가겠습니다.

시편 65:5

우리 구원의 하나님이시여 땅의 모든 끝과 먼 바다에 있는 자가 의지할 주께서 의를 따라 엄위하신 일로 우리에게 응답하시리이다

10/25

출애굽기 15:2

여호와는 나의 힘이요 노래시며 나의 구원이시로다 그는 나의 하나님이시니 내가 그를 찬송할 것이요 내 아버지의 하나님이시니 내가 그를 높이리로다

03/06

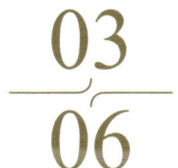

하나님은 계산하며 주지 않으십니다.
언제나 내가 생각하고 바라는 것보다
넘치도록 사랑을 부어주십니다.

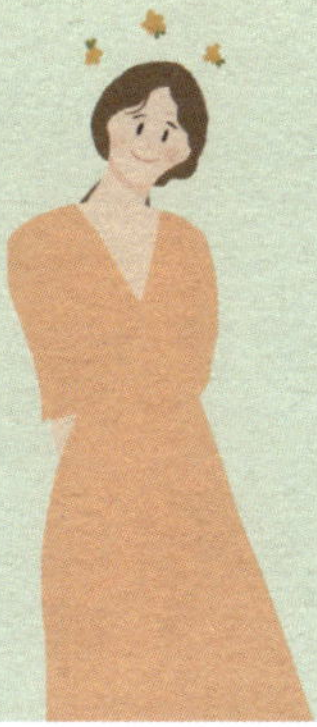

마태복음 5:4

애통하는 자는 복이 있나니 그들이 위로를 받을 것임이요

10/24

오늘도 나를 위해 죽으신
예수님을 내 마음에 모시고,
쉬운 길이 아니라
주님이 기뻐하시는 옳은 일을
선택하길 소망합니다.

데살로니가전서 2:4
오직 하나님께 옳게 여기심을 입어 복음을 위탁 받았으니
우리가 이와 같이 말함은 사람을 기쁘게 하려 함이 아니요
오직 우리 마음을 감찰하시는 하나님을 기쁘시게 하려 함이라

03/07

우리가 한마음으로
주님이 맡겨주신 일을 감당할 때
주님이 도우시고
감당할 힘을 주신다.

시편 51:6
보소서 주께서는 중심이 진실함을 원하시오니 내게 지혜를 은밀히 가르치시리이다

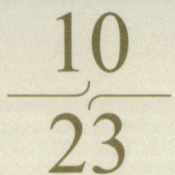

내 사랑아,
네가 의지하던 우상이 무엇인지 점검하렴.
네가 섬겨야 할 대상은 오직 나 하나뿐이란다.
우상들을 다 버리고
에벤에셀, 너의 하나님만을 의지해라.

사무엘상 7:12
사무엘이 돌을 취하여 미스바와 센 사이에 세워 이르되
여호와께서 여기까지 우리를 도우셨다 하고 그 이름을 에벤에셀이라 하니라

03/08

단 하루를 살더라도
예수 그리스도
그분을 위해 살리라.

시편 119:9
청년이 무엇으로 그의 행실을 깨끗하게 하리이까 주의 말씀만 지킬 따름이니이다

10/22

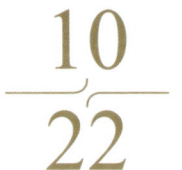

날마다 하나님의 능력을 고백합니다.
우리의 삶을 통해 그분이 영광 받으시고,
높임 받으시기 원해요.

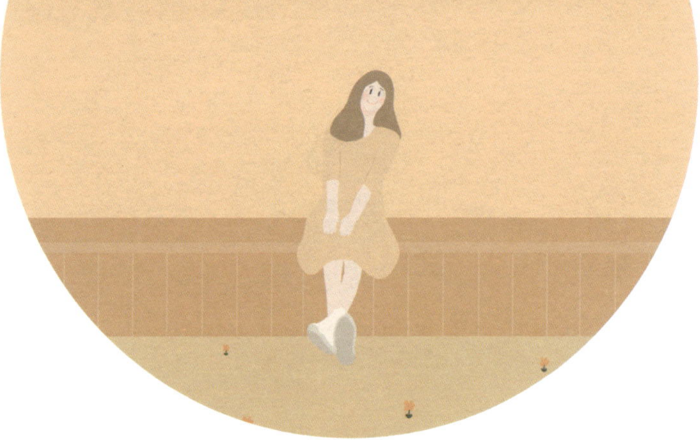

빌립보서 1:11

예수 그리스도로 말미암아 의의 열매가 가득하여
하나님의 영광과 찬송이 되기를 원하노라

03/09

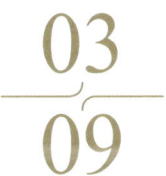

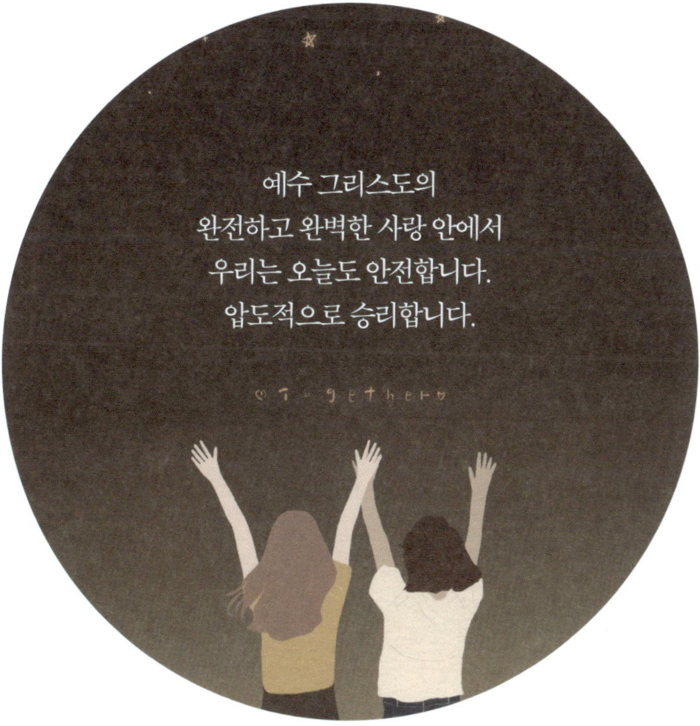

예수 그리스도의
완전하고 완벽한 사랑 안에서
우리는 오늘도 안전합니다.
압도적으로 승리합니다.

로마서 8:37

그러나 이 모든 일에 우리를 사랑하시는 이로 말미암아 우리가 넉넉히 이기느니라

10/21

예수님의 성품을 닮아가기 원합니다.
다른 사람을 배려하고 사랑하고
섬기고 용서할 힘을 주세요.

고린도후서 3:18

우리가 다 수건을 벗은 얼굴로 거울을 보는 것같이 주의 영광을 보매 그와 같은 형상으로 변화하여 영광에서 영광에 이르니 곧 주의 영으로 말미암음이니라

욥기 23:10
그러나 내가 가는 길을 그가 아시나니 그가 나를 단련하신 후에는
내가 순금같이 되어 나오리라

10/20

주님!
우리가 환경 앞에 연약해질 수밖에 없는
존재임을 겸손히 고백합니다.

아굴이 간청했던 것처럼
'진실'과 '자족'의 마음을 구합니다.

잠언 30:8
곧 헛된 것과 거짓말을 내게서 멀리 하옵시며 나를 가난하게도 마옵시고
부하게도 마옵시고 오직 필요한 양식으로 나를 먹이시옵소서

03 / 11

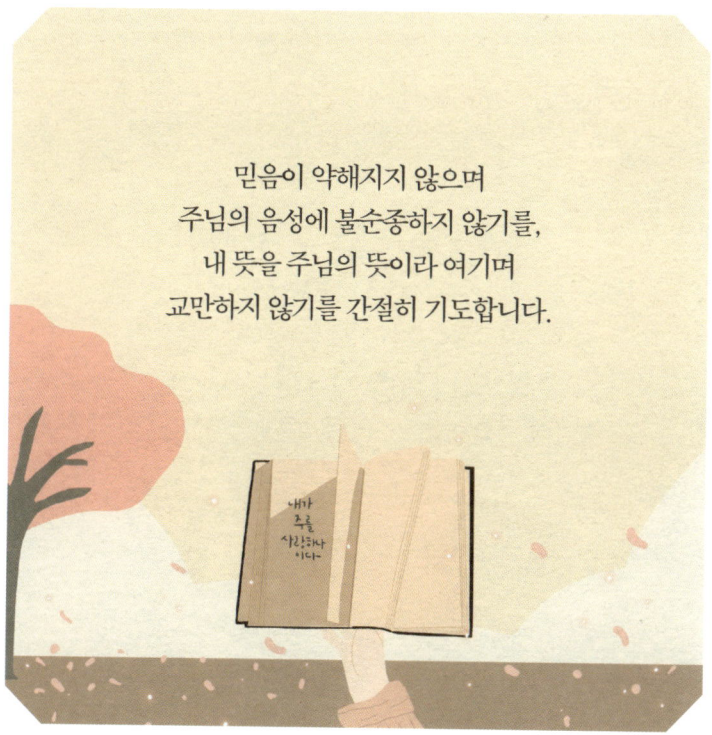

믿음이 약해지지 않으며
주님의 음성에 불순종하지 않기를,
내 뜻을 주님의 뜻이라 여기며
교만하지 않기를 간절히 기도합니다.

잠언 3:5,6
너는 마음을 다하여 여호와를 신뢰하고 네 명철을 의지하지 말라
너는 범사에 그를 인정하라 그리하면 네 길을 지도하시리라

10/19

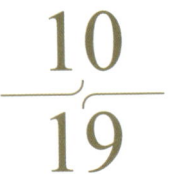

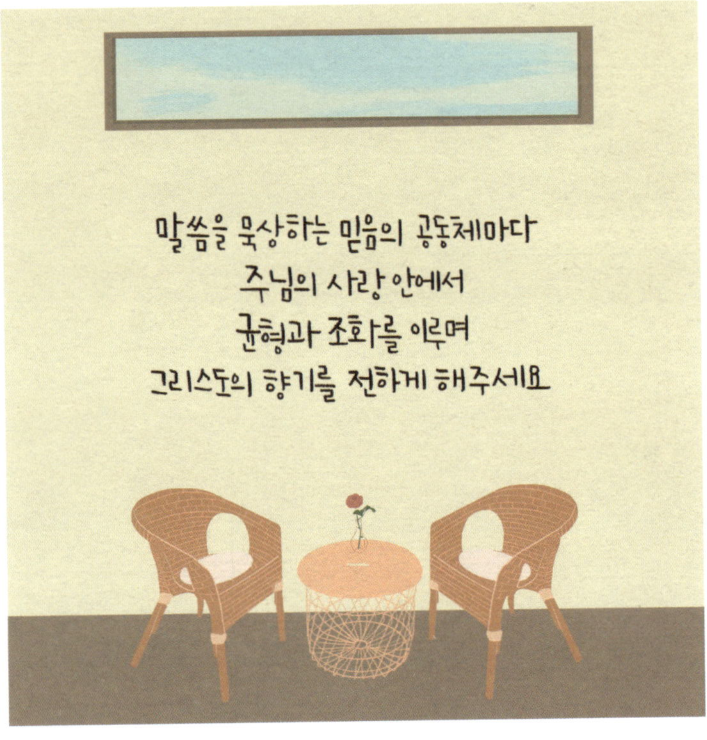
말씀을 묵상하는 믿음의 공동체마다
주님의 사랑 안에서
균형과 조화를 이루며
그리스도의 향기를 전하게 해주세요

고린도후서 2:14

항상 우리를 그리스도 안에서 이기게 하시고 우리로 말미암아 각처에서 그리스도를 아는 냄새를 나타내시는 하나님께 감사하노라

03/12

이사야 64:8

그러나 여호와여, 이제 주는 우리 아버지시니이다 우리는 진흙이요
주는 토기장이시니 우리는 다 주의 손으로 지으신 것이니이다

10/18

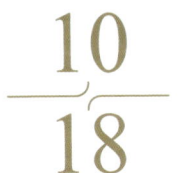

내 사랑아,
나를 향한 신뢰로 의롭게 살려고 애쓰렴.
이웃에게도 진실한 태도로 나아가렴.
믿음으로 의롭게 된 자는
믿음으로 살아가야 한단다.

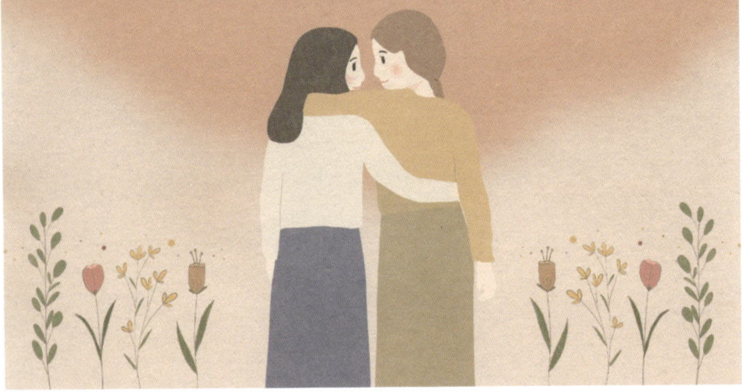

로마서 1:17

복음에는 하나님의 의가 나타나서 믿음으로 믿음에 이르게 하나니 기록된 바
오직 의인은 믿음으로 말미암아 살리라 함과 같으니라

03/13

기도 없이 사는 것보다
교만한 건 없습니다.
기도 없이 사는 것보다
위태로운 것도 없습니다.

시편 27:4
내가 여호와께 바라는 한 가지 일 그것을 구하리니 곧 내가 내 평생에 여호와의 집에 살면서 여호와의 아름다움을 바라보며 그의 성전에서 사모하는 그것이라

10/17

내 마음 밭에
하나님의 말씀만 자라게 하소서!

이 세상의 걱정, 돈의 유혹,
그 밖의 다른 욕심은
자라지 못하고 소멸되게 하소서!

마가복음 4:19,20

세상의 염려와 재물의 유혹과 기타 욕심이 들어와 말씀을 막아 결실하지 못하게 되는 자요 좋은 땅에 뿌려졌다는 것은 곧 말씀을 듣고 받아 삼십 배나 육십 배나 백 배의 결실을 하는 자니라

03/14

하나님은
믿음의 사람을 내 곁에 붙여주셔서
위로와 도전을 받게 하시고
나 역시 아직 믿음을 받아들이지 못한 이들 곁에서
복음의 통로가 되라 말씀하십니다.

잠언 3:27
네 손이 선을 베풀 힘이 있거든 마땅히 받을 자에게 베풀기를 아끼지 말며

10/16

내 사랑아,
내 은혜를 입은 자로서
사랑의 도를 실천하렴.
악을 악으로, 욕을 욕으로 갚지 말고
도리어 복을 빌어주는 사람이 되렴.

베드로전서 3:9

악을 악으로, 욕을 욕으로 갚지 말고 도리어 복을 빌라 이를 위하여 너희가 부르심을 받았으니 이는 복을 이어받게 하려 하심이라

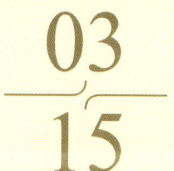

주님이 우리에게 맡겨주신 일을
신실하게 이루는 것 자체가
'성장의 도구'입니다.
하나님이 우리 안에서
그분의 일을 추진하실 것입니다.

에베소서 2:10
우리는 그가 만드신 바라 그리스도 예수 안에서 선한 일을 위하여 지으심을 받은 자니 이 일은 하나님이 전에 예비하사 우리로 그 가운데서 행하게 하려 하심이니라

10/15

고린도전서 2:14

육에 속한 사람은 하나님의 성령의 일들을 받지 아니하나니 이는 그것들이 그에게는 어리석게 보임이요, 또 그는 그것들을 알 수도 없나니 그러한 일은 영적으로 분별되기 때문이라

03/16

바울의 관심은 성도들이
그리스도의 형상을 이루는 거였지요.
우리도 복음으로 하나 되고
함께 그리스도의 형상을 닮아가길 소망합니다!

갈라디아서 4:19
나의 자녀들아 너희 속에 그리스도의 형상을 이루기까지
다시 너희를 위하여 해산하는 수고를 하노니

하나님은 교만을 싫어하시고
겸손한 자에게 은혜를 주십니다.

은혜를 받은 자답게
하나님 앞에 자신을 낮추고,
가정과 공동체를 섬기십시오.

베드로전서 5:6
그러므로 하나님의 능하신 손 아래에서 겸손하라
때가 되면 너희를 높이시리라

03/17

바울처럼 내 삶에도
십자가를 따라 순종하다가
세상이 준 고난의 흔적,
성령님이 나에게 역사하신
그 '흔적'이 있기 원합니다.

갈라디아서 6:17

이후로는 누구든지 나를 괴롭게 하지 말라
내가 내 몸에 예수의 흔적을 지니고 있노라

10/13

참 진리이신
예수 그리스도를 영접한 자들은
세상의 거짓과 얽매임에서 벗어나
참 자유를 얻습니다.
오늘도 매 순간 진리 안에 거하며,
그 자유를 누리십시오.

요한복음 8:32

진리를 알지니 진리가 너희를 자유롭게 하리라

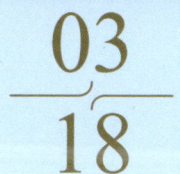

우리의 일상은
하나님의 마음을 배우는
통로입니다.

호세아 6:3
그러므로 우리가 여호와를 알자 힘써 여호와를 알자 그의 나타나심은 새벽빛같이 어김없나니 비와 같이, 땅을 적시는 늦은 비와 같이 우리에게 임하시리라 하니라

이사야 41:10

두려워하지 말라 내가 너와 함께함이라 놀라지 말라 나는 네 하나님이 됨이라
내가 너를 굳세게 하리라 참으로 너를 도와주리라
참으로 나의 의로운 오른손으로 너를 붙들리라

내일 일을 염려하지 말고
여기까지 인도해주신
주님만 믿고 살아가요.

이사야 43:18,19
너희는 이전 일을 기억하지 말며 옛날 일을 생각하지 말라
보라 내가 새 일을 행하리니 이제 나타낼 것이라 너희가 그것을 알지 못하겠느냐
반드시 내가 광야에 길을 사막에 강을 내리니

이사야 58:9

네가 부를 때에는 나 여호와가 응답하겠고 네가 부르짖을 때에는 내가 여기 있다 하리라 만일 네가 너희 중에서 멍에와 손가락질과 허망한 말을 제하여 버리고

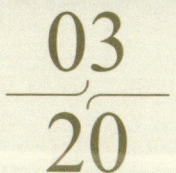

믿음이 있으면
광야에서도 가나안을 누리지만
믿음이 없으면
가나안도 광야가 될 것입니다.

시편 16:11
주께서 생명의 길을 내게 보이시리니 주의 앞에는 충만한 기쁨이 있고
주의 오른쪽에는 영원한 즐거움이 있나이다

10/10

주님 앞에
자신의 연약함을 솔직하게 인정하고
의심과 두려움을 내려놓으며,
주님을 향한 신뢰와 믿음을
회복시켜 달라고 간구하십시오.

마가복음 9:23

예수께서 이르시되 할 수 있거든이 무슨 말이냐
믿는 자에게는 능히 하지 못할 일이 없느니라 하시니

03/21

이사야 62:5
마치 청년이 처녀와 결혼함같이 네 아들들이 너를 취하겠고
신랑이 신부를 기뻐함같이 네 하나님이 너를 기뻐하시리라

10/09

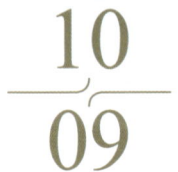

하나님으로부터 오는 '기쁨'은
세상으로부터 오는 기쁨과 비교할 수 없어요.
매일 말씀 속에서
그 기쁨을 발견하길 소망합니다.

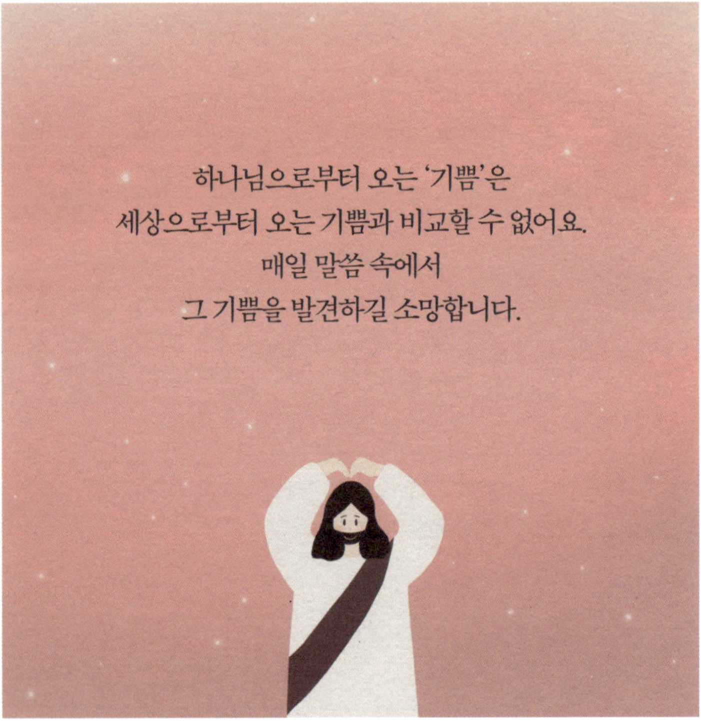

데살로니가전서 1:6

또 너희는 많은 환난 가운데서 성령의 기쁨으로 말씀을 받아
우리와 주를 본받은 자가 되었으니

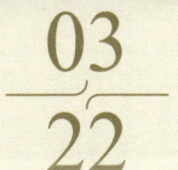

세상은 스펙을 요구하지만
하나님은 그분과 동행한 이야기를 보십니다.

하나님과의 스토리가
스펙보다 중요합니다.

마태복음 25:21
그 주인이 이르되 잘하였도다 착하고 충성된 종아 네가 적은 일에 충성하였으매
내가 많은 것을 네게 맡기리니 네 주인의 즐거움에 참여할지어다 하고

세상의 그 어떤 것도
우리를 온전히 보호하지 못합니다.
우리가 피할 곳은 하나님의 품 안입니다.
오직 주님만이 우리를 보호하십니다.

시편 118:8
여호와께 피하는 것이 사람을 신뢰하는 것보다 나으며

03/23

세상에서 얼룩진 마음을
예수님의 사랑으로
깨끗하게 해주세요.

디모데후서 2:22
또한 너는 청년의 정욕을 피하고 주를 깨끗한 마음으로 부르는 자들과 함께
의와 믿음과 사랑과 화평을 따르라

10/07

내 사랑아,
스스로 연약하다고만 생각하지 말고
생명력 있는 내 말을 붙들어라.
죄를 분별하며 죄악을 물리칠 힘이
바로 여기서 나온단다.

시편 119:133
나의 발걸음을 주의 말씀에 굳게 세우시고
어떤 죄악도 나를 주관하지 못하게 하소서

03 / 24

내 사랑아,
너를 향한 내 마음은
언제나 사랑이야!

로마서 8:32

자기 아들을 아끼지 아니하시고 우리 모든 사람을 위하여 내주신 이가
어찌 그 아들과 함께 모든 것을 우리에게 주시지 아니하겠느냐

10/06

한 손엔 복음 들고
한 손엔 그리스도의 사랑을 들고
삶의 자리에서 주님을 찬양합니다

시편 148:13

여호와의 이름을 찬양할지어다 그의 이름이 홀로 높으시며
그의 영광이 땅과 하늘 위에 뛰어나심이로다

03/25

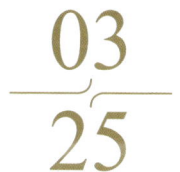

주님,
이 시대의 교회들이
주님 말씀을 겸손히 따르도록
힘을 더하여 주세요.

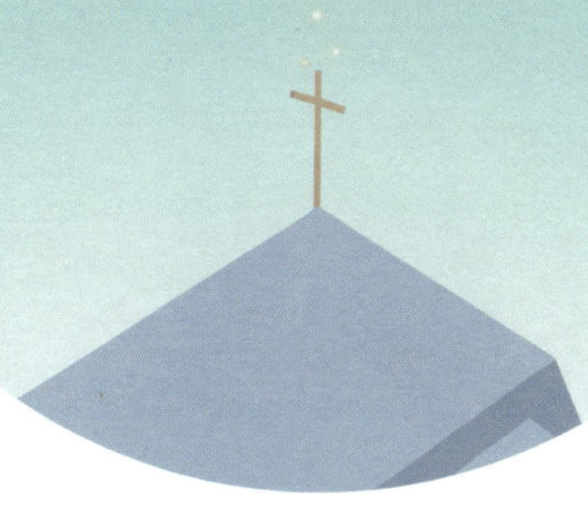

디모데전서 4:4,5

하나님께서 지으신 모든 것이 선하매 감사함으로 받으면 버릴 것이 없나니
하나님의 말씀과 기도로 거룩하여짐이라

$\frac{10}{05}$

성도는 사람에게 보이기 위해,
사람의 영광을 얻기 위해 구제해서는 안 됩니다.
이런 사람은 주님께 상을 받지 못합니다.
구제의 동기는 오직 '주님의 은혜'여야 합니다.

마태복음 6:1
사람에게 보이려고 그들 앞에서 너희 의를 행하지 않도록 주의하라
그리하지 아니하면 하늘에 계신 너희 아버지께 상을 받지 못하느니라

03/26

주님, 아직도 제 삶에
방치하고 있는 죄악이 있다면
과감히 치워버릴 수 있도록 도와주세요!

베드로전서 5:8
근신하라 깨어라 너희 대적 마귀가 우는 사자같이 두루 다니며 삼킬 자를 찾나니

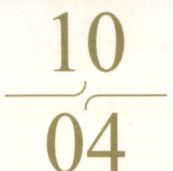

내 모든 삶의 영역에서
주님을 기쁘시게 하는 데 초점을 두기를,
주님의 성품을 닮아가기를,
선한 일에 열매 맺어가기를
전심으로 기도합니다.

골로새서 1:10
주께 합당하게 행하여 범사에 기쁘시게 하고 모든 선한 일에 열매를 맺게 하시며 하나님을 아는 것에 자라게 하시고

03/27

하나님은 우리가
신앙의 선배들로부터 받은
믿음을 잘 지켜
후대에 전하기를 원하십니다.

잠언 22:6
마땅히 행할 길을 아이에게 가르치라 그리하면 늙어도 그것을 떠나지 아니하리라

10/03

하나님은 우리에게
감당할 수 있는 시험만 허락하십니다.
또한 시험당할 때 감당할 힘을 주십니다.

고린도전서 10:13
사람이 감당할 시험밖에는 너희가 당한 것이 없나니 오직 하나님은 미쁘사 너희가 감당하지 못할 시험당함을 허락하지 아니하시고 시험당할 즈음에 또한 피할 길을 내사 너희로 능히 감당하게 하시느니라

03/28

주님을 만난 것이
제 인생의
만루홈런입니다!

로마서 14:8

우리가 살아도 주를 위하여 살고 죽어도 주를 위하여 죽나니
그러므로 사나 죽으나 우리가 주의 것이로다

내 사랑아,
성경 말씀이 네게 부담이 되고 거북한 건
사랑의 문제이다.

나를 사랑하면
내 말씀을 지키고 순종하는 것이
무거운 짐이 아니라
즐겁고 기쁘게 여겨지기 때문이란다.

요한일서 5:2,3
우리가 하나님을 사랑하고 그의 계명들을 지킬 때에 이로써 우리가 하나님의 자녀를 사랑하는 줄을 아느니라 하나님을 사랑하는 것은 이것이니 우리가 그의 계명들을 지키는 것이라 그의 계명들은 무거운 것이 아니로다

03/29

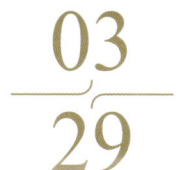

참된 안전은
하나님과의
신뢰 관계에서만 옵니다.

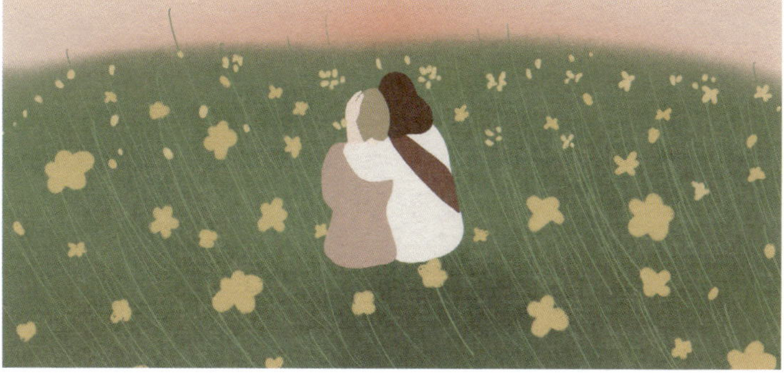

시편 91:14,15

하나님이 이르시되 그가 나를 사랑한즉 내가 그를 건지리라 그가 내 이름을 안즉 내가 그를 높이리라 그가 내게 간구하리니 내가 그에게 응답하리라 그들이 환난당할 때에 내가 그와 함께하여 그를 건지고 영화롭게 하리라

10/01

내 인생에 찾아온 광야의 시간이
하나님을 더욱 깊이 사랑하게 되는
은혜의 시간이기를 기도합니다.

신명기 8:2
네 하나님 여호와께서 이 사십 년 동안에 네게 광야 길을 걷게 하신 것을 기억하라
이는 너를 낮추시며 너를 시험하사 네 마음이 어떠한지 그 명령을 지키는지
지키지 않는지 알려 하심이라

03/30

하나님이 우리에게 주시는
'평안'은 그 무엇으로도
대체할 수 없습니다.

요한복음 14:27
평안을 너희에게 끼치노니 곧 나의 평안을 너희에게 주노라
내가 너희에게 주는 것은 세상이 주는 것과 같지 아니하니라
너희는 마음에 근심하지도 말고 두려워하지도 말라

365일, 당신의 마음에
말씀의 씨앗이 심겨
주님의 사랑으로 열매 맺기를!

October

10

햇살콩 한줄묵상 365

03 / 31

나를 위해 십자가를 지시고
죽기까지 나를 사랑하신 예수님!
그분을 온 맘 다해 사랑합니다.

이사야 53:5

그가 찔림은 우리의 허물 때문이요 그가 상함은 우리의 죄악 때문이라 그가 징계를 받으므로 우리는 평화를 누리고 그가 채찍에 맞으므로 우리는 나음을 받았도다

09/30

구원은
오직 예수 그리스도를 믿고 따르는 길,
그 좁은 문으로 들어가야 얻을 수 있습니다.
이 땅의 명예와 부와는 거리가 멉니다.
때로는 고난 당할 수도 있습니다.
그러나 다른 문, 다른 길로는
구원을 결코 얻을 수 없습니다.

마태복음 7:13,14

좁은 문으로 들어가라 멸망으로 인도하는 문은 크고 그 길이 넓어 그리로 들어가는 자가 많고 생명으로 인도하는 문은 좁고 길이 협착하여 찾는 자가 적음이라

365일, 당신의 마음에
말씀의 씨앗이 심겨
주님의 사랑으로 열매 맺기를!

April

4

햇살콩 한줌묵상 365

09 / 29

누구에게나 죄와 허물이 있습니다.
성경 말씀으로 점검하지 않으면 깨닫지 못합니다.
말씀으로 늘 자신을 돌아보고
입의 말과 마음의 생각이
주님의 마음에 들기를 소망해야 합니다.

시편 19:14
나의 반석이시요 나의 구속자이신 여호와여 내 입의 말과 마음의 묵상이
주님 앞에 열납되기를 원하나이다

04/01

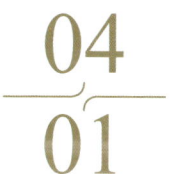

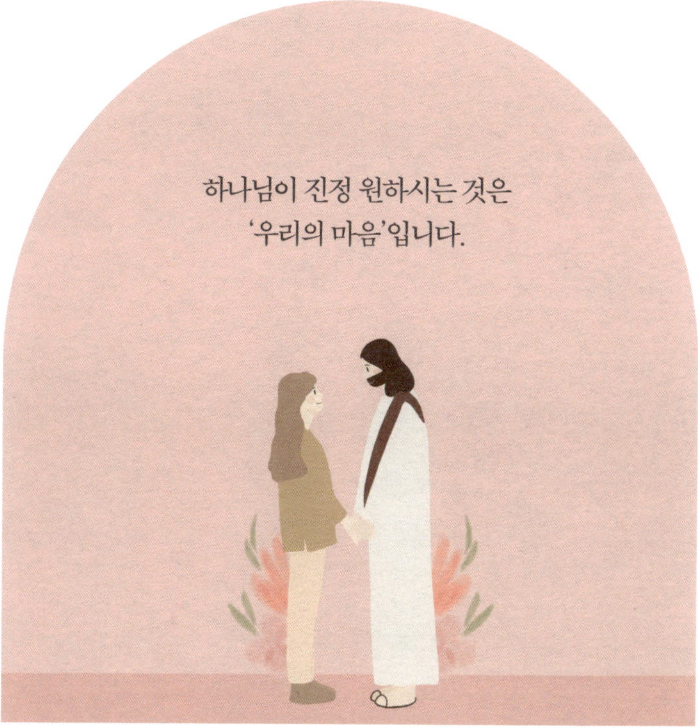
하나님이 진정 원하시는 것은
'우리의 마음'입니다.

호세아 6:6

나는 인애를 원하고 제사를 원하지 아니하며 번제보다 하나님을 아는 것을 원하노라

09
28

잃어버린 영혼을 향한
긍휼한 마음을 품게 해주세요.
그들을 위해 복음의 씨앗을 뿌리는,
심는 자의 사명을 기쁘게 감당하게 해주세요.

시편 126:5
눈물을 흘리며 씨를 뿌리는 자는 기쁨으로 거두리로다

우리의
'기도'를 들으시는 주님
'눈물'을 보시는 주님
'치료'하시는 주님!
측량할 수 없는 주님의 사랑에
감사를 올려드립니다.

열왕기하 20:5
다윗의 하나님 여호와의 말씀이 내가 네 기도를 들었고 네 눈물을 보았노라 내가 너를 낫게 하리니

09/27

주님이 나를 부르셔서
뜻하신 곳으로 보내실 때
나는 아멘으로 순종할 준비가 되어 있는가?

이사야 6:8
내가 또 주의 목소리를 들으니 주께서 이르시되 내가 누구를 보내며
누가 우리를 위하여 갈꼬 하시니 그때에 내가 이르되 내가 여기 있나이다
나를 보내소서 하였더니

04
03

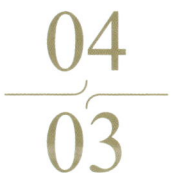

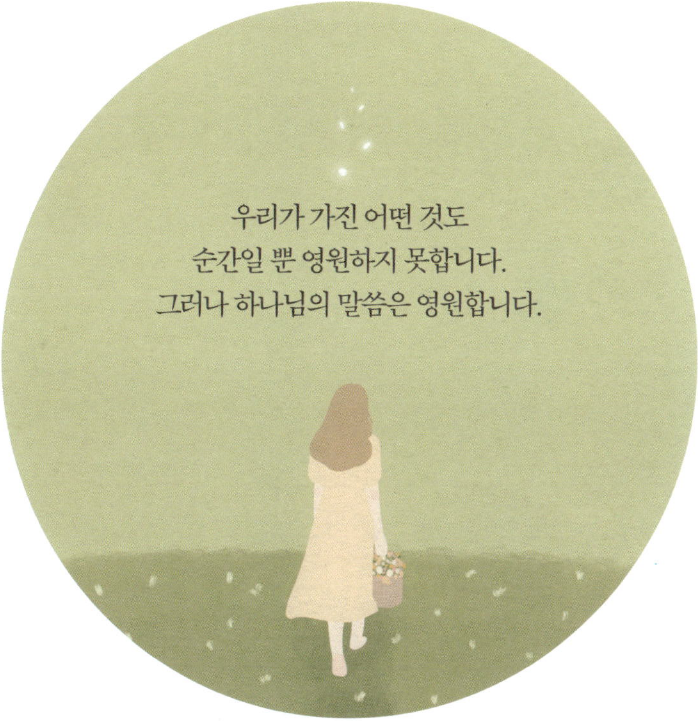
우리가 가진 어떤 것도
순간일 뿐 영원하지 못합니다.
그러나 하나님의 말씀은 영원합니다.

이사야 40:8

풀은 마르고 꽃은 시드나 우리 하나님의 말씀은 영원히 서리라

09/26

누가복음 10:39,40
그에게 마리아라 하는 동생이 있어 주의 발치에 앉아 그의 말씀을 듣더니 마르다는 준비하는 일이 많아 마음이 분주한지라

04 / 04

베드로전서 1:3

우리 주 예수 그리스도의 아버지 하나님을 찬송하리로다
그의 많으신 긍휼대로 예수 그리스도를 죽은 자 가운데서 부활하게 하심으로
말미암아 우리를 거듭나게 하사 산 소망이 있게 하시며

헌금을 주님께 무언가 돌려받기 위한
마음으로 드려서는 안 됩니다.
내 소유가 주님으로부터 왔음을 인정하는
신앙고백이 되어야 합니다.

고린도후서 9:7
각각 그 마음에 정한 대로 할 것이요 인색함으로나 억지로 하지 말지니
하나님은 즐겨 내는 자를 사랑하시느니라

04
05

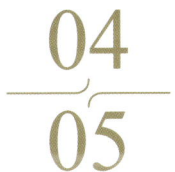

아이들은 보는 그대로 따라합니다.
우리의 '말과 행실', '사랑과 믿음'이
다음세대 아이들에게
본이 되기를 소망합니다.

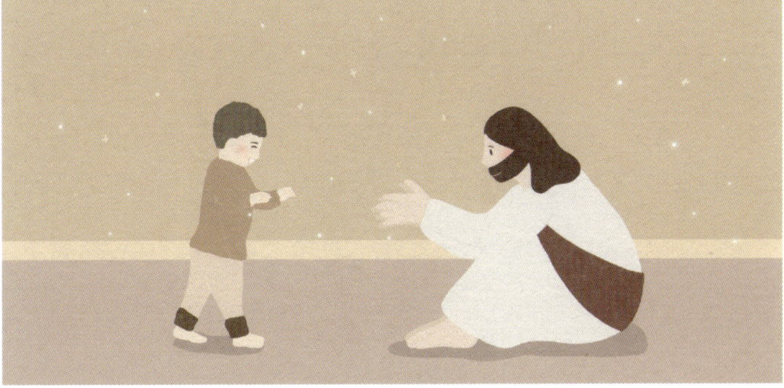

디모데전서 4:12

오직 말과 행실과 사랑과 믿음과 정절에 있어서 믿는 자에게 본이 되어

09/24

하나님을 믿는다고
만사형통하는 것이 아닙니다.
다만 하나님을 믿으면 어떤 상황에서도
기쁨과 감사가 마르지 않는 힘이 생깁니다.

시편 106:1

할렐루야 여호와께 감사하라 그는 선하시며 그 인자하심이 영원함이로다

하나님의 사랑이
머무는 곳에는
척박한 땅이라도 꽃이 핍니다.

고린도전서 13:7
모든 것을 참으며 모든 것을 믿으며 모든 것을 바라며 모든 것을 견디느니라

09

23

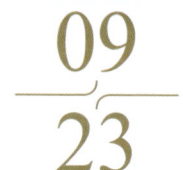

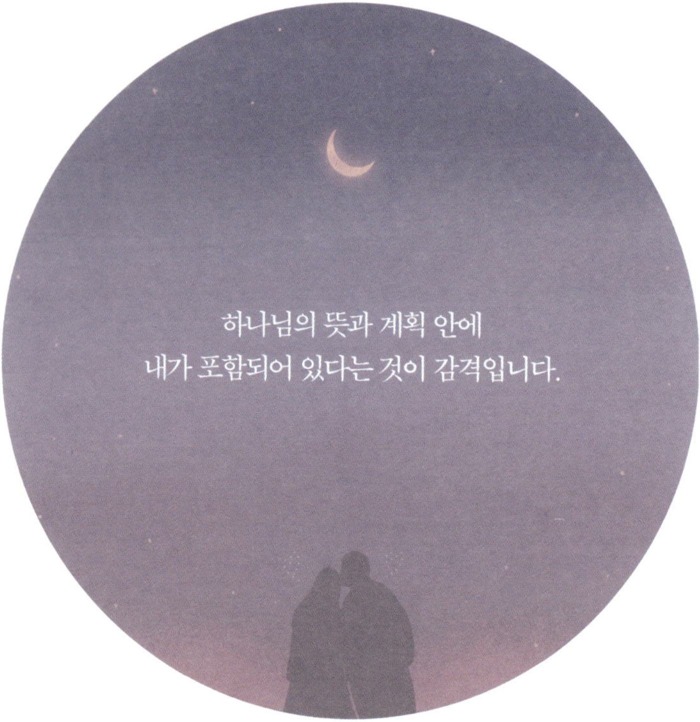
하나님의 뜻과 계획 안에
내가 포함되어 있다는 것이 감격입니다.

디모데후서 1:9

하나님이 우리를 구원하사 거룩하신 소명으로 부르심은
우리의 행위대로 하심이 아니요 오직 자기의 뜻과 영원 전부터
그리스도 예수 안에서 우리에게 주신 은혜대로 하심이라

04/07

부드러운 진흙이 되겠습니다.
제 삶을 하나님 뜻대로 빚어주세요.

예레미야 18:6
여호와의 말씀이니라 이스라엘 족속아 이 토기장이가 하는 것같이
내가 능히 너희에게 행하지 못하겠느냐
이스라엘 족속아 진흙이 토기장이의 손에 있음같이 너희가 내 손에 있느니라

09/22

주님,
매일 필요한 만큼의
육의 양식, 영혼의 양식을
먹여주셔서 감사해요!

누가복음 11:3
우리에게 날마다 일용할 양식을 주시옵고

04 / 08

내게 '오늘'이
선물로 주어진 것은
아직 '사명'이 남았다는 뜻입니다.

에베소서 3:6,7

이는 이방인들이 복음으로 말미암아 그리스도 예수 안에서 함께 상속자가 되고 함께 지체가 되고 함께 약속에 참여하는 자가 됨이라 이 복음을 위하여 그의 능력이 역사하시는 대로 내게 주신 하나님의 은혜의 선물을 따라 내가 일꾼이 되었노라

09/21

내 사랑아,
힘을 내어라. 용기를 내어라.
내가 너를 포기하지 않으며
너를 떠나지 않을 것이다.

여호수아 1:5,6
네 평생에 너를 능히 대적할 자가 없으리니 내가 모세와 함께 있었던 것같이 너와 함께 있을 것임이니라 내가 너를 떠나지 아니하며 버리지 아니하리니 강하고 담대하라

주님이 허락하신
가정, 일터, 공동체 안에
말씀의 기름, 기도의 기름,
섬김의 기름, 사랑의 기름을
흘려보내게 하소서!

스가랴 4:6
그가 내게 대답하여 이르되 여호와께서 스룹바벨에게 하신 말씀이 이러하니라
만군의 여호와께서 말씀하시되 이는 힘으로 되지 아니하며 능력으로 되지 아니하고
오직 나의 영으로 되느니라

09
20

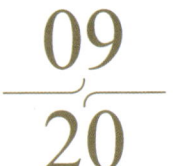

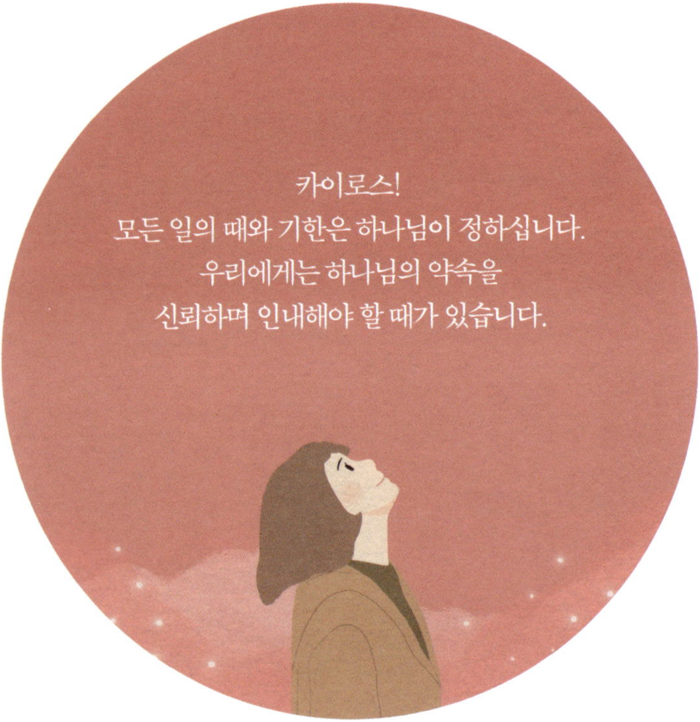
카이로스!
모든 일의 때와 기한은 하나님이 정하십니다.
우리에게는 하나님의 약속을
신뢰하며 인내해야 할 때가 있습니다.

야고보서 1:12

시험을 참는 자는 복이 있나니 이는 시련을 견디어 낸 자가
주께서 자기를 사랑하는 자들에게 약속하신 생명의 면류관을 얻을 것이기 때문이라

04/10

내 사랑아,
오늘 하루
나와 동행한다면
감사하지 못할 이유가 없단다.

데살로니가전서 5:18
범사에 감사하라 이것이 그리스도 예수 안에서 너희를 향하신 하나님의 뜻이니라

로마서 12:5
이와 같이 우리 많은 사람이 그리스도 안에서 한 몸이 되어 서로 지체가 되었느니라

04/11

성전은 건물이 아니라
하나님 백성들의 '삶'입니다.
삶이 예배, 그 자체가 되게 하십시오.

고린도전서 3:16
너희는 너희가 하나님의 성전인 것과 하나님의 성령이 너희 안에 계시는 것을 알지 못하느냐

09/18

오늘 크리스천으로서 무엇을 말하고 어떻게 행동해야 하는가 고민하십시오 이 고민을 갖고 기도의 자리로 나아가십시오

고린도후서 4:6
어두운 데에 빛이 비치라 말씀하셨던 그 하나님께서 예수 그리스도의 얼굴에 있는 하나님의 영광을 아는 빛을 우리 마음에 비추셨느니라

04/12

주님은 그분의 때에
반드시 일하실 것입니다.
그분을 신뢰하는 마음으로 기다리십시오.

히브리서 10:36
너희에게 인내가 필요함은 너희가 하나님의 뜻을 행한 후에
약속하신 것을 받기 위함이라

09 / 17

누구를 탓하고 원망하기보다
하나님의 눈으로 나를 돌아보는 기회로 삼아
회개하며 기도하게 하소서.

더욱 말씀을 읽고 묵상하며,
가정과 나라와 교회를 위해 기도하게 하소서.

로마서 12:16-18
서로 마음을 같이하며 높은 데 마음을 두지 말고 도리어 낮은 데 처하며 스스로 지혜 있는 체하지 말라 아무에게도 악을 악으로 갚지 말고 모든 사람 앞에서 선한 일을 도모하라 할 수 있거든 너희로서는 모든 사람과 더불어 화목하라

04 / 13

하나님은
사랑하는 자녀에게
사랑과 위로뿐만 아니라
필요하다면 '책망의 말씀'도 주십니다.

하나님 말씀을 편식하지 마세요!

예레미야 6:8
예루살렘아 너는 훈계를 받으라 그리하지 아니하면 내 마음이 너를 싫어하고
너를 황폐하게 하여 주민이 없는 땅으로 만들리라

09/16

역대하 7:14
내 이름으로 일컫는 내 백성이 그들의 악한 길에서 떠나 스스로 낮추고 기도하여 내 얼굴을 찾으면 내가 하늘에서 듣고 그들의 죄를 사하고 그들의 땅을 고칠지라

04 / 14

오늘 하루,
사랑하는 가족을
잘 섬기고 사랑했는지 돌아봅니다.
하나님이 선택하시는 사람은
가정을 먼저 잘 섬기는 사람입니다.

디모데전서 3:4,5
자기 집을 잘 다스려 자녀들로 모든 공손함으로 복종하게 하는 자라야 할지며
(사람이 자기 집을 다스릴 줄 알지 못하면 어찌 하나님의 교회를 돌보리요)

09/15

심는 사람과 물 주는 사람이 달라도 괜찮습니다.
오직 하나님이 자라게 하시기 때문입니다.
각자 모양은 달라도 우리는 하나님의 동역자입니다.

오늘도 하나님의 사랑은
우리를 통해 끊임없이 흘러갑니다.

고린도전서 3:6,7,9

나는 심었고 아볼로는 물을 주었으되 오직 하나님께서 자라나게 하셨나니 그런즉 심는 이나 물 주는 이는 아무것도 아니로되 오직 자라게 하시는 이는 하나님뿐이니라 우리는 하나님의 동역자들이요 너희는 하나님의 밭이요 하나님의 집이니라

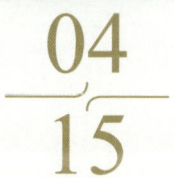

우리의 전신갑주가
제 기능을 발휘하고 더 단단해지기 위해
성령님의 도우심이 필요하며
말씀과 기도가 그 원동력이 됩니다.

에베소서 6:11
마귀의 간계를 능히 대적하기 위하여 하나님의 전신갑주를 입으라

09/14

역대하 15:7

그런즉 너희는 강하게 하라 너희의 손이 약하지 않게 하라
너희 행위에는 상급이 있음이라 하니라

04/16

하나님의 뜻을 우리가
다 알 수 없지만
그분의 뜻은 언제나 선하십니다.

베드로전서 4:19

그러므로 하나님의 뜻대로 고난을 받는 자들은 또한 선을 행하는 가운데에
그 영혼을 미쁘신 창조주께 의탁할지어다

하나님께 사명을 받은 자라면
자기 이름이 높아지기 원하는 욕망을 주의하십시오.
허세를 버리고 겸손히
주님의 영광을 드러내며 높이는 삶을 사십시오.

야고보서 4:6
그러나 더욱 큰 은혜를 주시나니 그러므로 일렀으되
하나님이 교만한 자를 물리치시고 겸손한 자에게 은혜를 주신다 하였느니라

04/17

내 사랑아,
자기 합리화를 늘 경계하고,
너 자신을 깨끗하게 지키기 위해
몸부림치렴.

시편 119:36
내 마음을 주의 증거들에게 향하게 하시고 탐욕으로 향하지 말게 하소서

09/12

내 사랑아,
다른 사람을 위한 기도만큼
아름다운 건 없단다.
오늘, 너 자신만을 위해서가 아니라
남을 위해 기도의 씨앗을 꼭 심어보렴.

마태복음 18:19
진실로 다시 너희에게 이르노니 너희 중의 두 사람이 땅에서 합심하여 무엇이든지 구하면 하늘에 계신 내 아버지께서 그들을 위하여 이루게 하시리라

SNS 안에서만 말고,
누군가에게 보여주기 위한 것 말고,
언제 어디서나 그리스도인으로 살게 하소서.

마태복음 7:21
나더러 주여 주여 하는 자마다 다 천국에 들어갈 것이 아니요
다만 하늘에 계신 내 아버지의 뜻대로 행하는 자라야 들어가리라

하나님은 오래전부터
우리를 마음에 두시고
사랑의 중심으로 삼으셨습니다.
그 사랑 안에서 우리는 온전하고 거룩하게
살아갈 수 있습니다.

에베소서 1:4
곧 창세 전에 그리스도 안에서 우리를 택하사 우리로 사랑 안에서
그 앞에 거룩하고 흠이 없게 하시려고

04/19

"이 사람은 내 마음에 맞는 사람이라."
제 삶을 요약했을 때
하나님께 듣고 싶은 말입니다.

사도행전 13:22

다윗을 왕으로 세우시고 증언하여 이르시되 내가 이새의 아들 다윗을 만나니
내 마음에 맞는 사람이라 내 뜻을 다 이루리라 하시더니

고린도전서 15:31

형제들아 내가 그리스도 예수 우리 주 안에서 가진 바 너희에 대한 나의 자랑을 두고 단언하노니 나는 날마다 죽노라

당장 원수 같은 그 사람을
끌어안을 수는 없어도
마음속으로 그를 위한 작은 기도를
시작해봅시다.

마태복음 5:44

나는 너희에게 이르노니 너희 원수를 사랑하며
너희를 박해하는 자를 위하여 기도하라

09/09

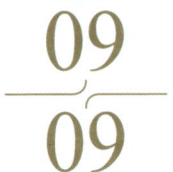

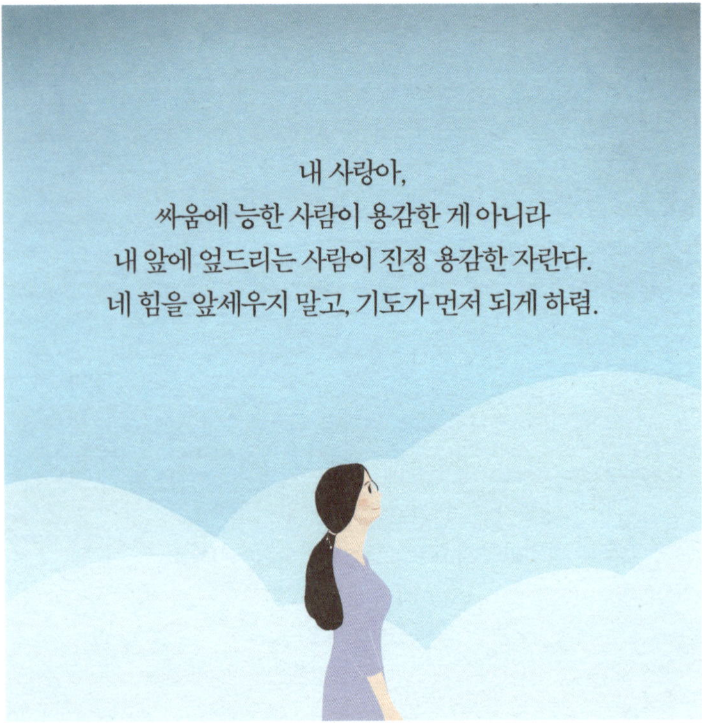
내 사랑아,
싸움에 능한 사람이 용감한 게 아니라
내 앞에 엎드리는 사람이 진정 용감한 자란다.
네 힘을 앞세우지 말고, 기도가 먼저 되게 하렴.

마가복음 9:24

곧 그 아이의 아버지가 소리를 질러 이르되
내가 믿나이다 나의 믿음 없는 것을 도와주소서 하더라

마태복음 5:13
너희는 세상의 소금이니 소금이 만일 그 맛을 잃으면 무엇으로 짜게 하리요
후에는 아무 쓸데없어 다만 밖에 버려져 사람에게 밟힐 뿐이니라

내가 풀 수 없는 큰 어려움을 마주할 때
낙심하거나 포기하지 마십시오.
하나님께 맡기고, 내려놓아야 합니다.
그분을 의지해야 합니다.

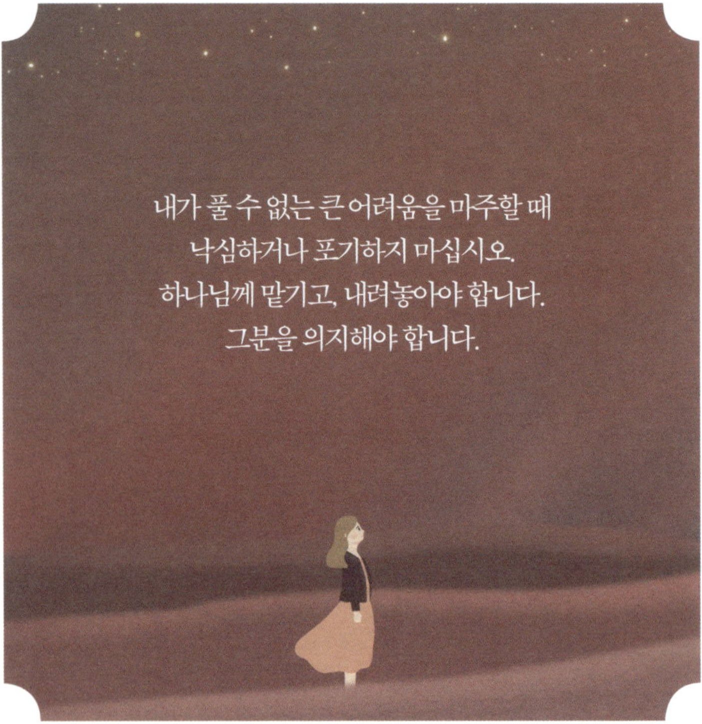

고린도후서 1:6
우리가 환난 당하는 것도 너희가 위로와 구원을 받게 하려는 것이요
우리가 위로를 받는 것도 너희가 위로를 받게 하려는 것이니 이 위로가
너희 속에 역사하여 우리가 받는 것 같은 고난을 너희도 견디게 하느니라

04/22

기도는
내 필요와 소망만
나열하는 것이 아닙니다.

내 뜻이 꺾일지라도
하나님의 선한 뜻이 이뤄지길 바라는
겸손한 마음에서 출발해야 합니다.

누가복음 11:9
내가 또 너희에게 이르노니 구하라 그러면 너희에게 주실 것이요 찾으라 그러면 찾아낼 것이요 문을 두드리라 그러면 너희에게 열릴 것이니

하나님의 말씀은 생명력이 있어
지식으로만 남는 것이 아니라
삶을 변화시키기에 충분합니다.

말씀 앞에서 울고, 웃으십시오.
냉랭해진 우리의 마음과 삶에
하나님의 말씀이 절실히 필요합니다.

요한계시록 3:15
내가 네 행위를 아노니 네가 차지도 아니하고 뜨겁지도 아니하도다
네가 차든지 뜨겁든지 하기를 원하노라

04 / 23

> 내 사랑아,
> 자책은 아무것도 바꾸지 못한다.
> 내 사랑 안에서 쉼을 얻고
> 마음을 굳세게 하렴.

요한일서 3:19,20
이로써 우리가 진리에 속한 줄을 알고 또 우리 마음을 주 앞에서 굳세게 하리니
이는 우리 마음이 혹 우리를 책망할 일이 있어도 하나님은 우리 마음보다 크시고
모든 것을 아시기 때문이라

성경은 처음부터 마지막까지
하나님이 인간과 함께하신 이야기입니다.
하나님은 성경 속에만 존재하시는 것이 아니라
오늘도 살아계셔서
임마누엘로 우리와 함께하십니다.

시편 16:8,9

내가 여호와를 항상 내 앞에 모심이여
그가 나의 오른쪽에 계시므로 내가 흔들리지 아니하리로다
이러므로 나의 마음이 기쁘고 나의 영도 즐거워하며 내 육체도 안전히 살리니

04 / 24

서로를 위해
기도하기를 멈추지 마십시오.
중보기도에 힘쓰며
승리의 경험을 함께 맛보십시오.

출애굽기 17:12

모세의 팔이 피곤하매 그들이 돌을 가져다가 모세의 아래에 놓아 그가 그 위에 앉게 하고 아론과 훌이 한 사람은 이쪽에서, 한 사람은 저쪽에서 모세의 손을 붙들어 올렸더니 그 손이 해가 지도록 내려오지 아니한지라

09 / 05

내 사랑아,
그리스도인으로 산다는 게 무엇인지
잘 보여주는 하루가 되렴
오늘도 네 걸음을 축복한다

누가복음 10:27
네 마음을 다하며 목숨을 다하며 힘을 다하며 뜻을 다하여
주 너의 하나님을 사랑하고 또한 네 이웃을 네 자신같이 사랑하라

고난의 시간은
나를 위해 십자가를 견디신
예수님을 묵상하는 시간입니다.

요한복음 11:25,26

예수께서 이르시되 나는 부활이요 생명이니 나를 믿는 자는 죽어도 살겠고
무릇 살아서 나를 믿는 자는 영원히 죽지 아니하리니 이것을 네가 믿느냐

09 / 04

하나님은
절망의 자리에 엎드려 있는 자를 찾아가
위로하시고 일으켜 세우시는 분입니다.
눈물을 머금고 다시 한번 하나님을 바라보는 이에게
사명을 주시고, 그것을 감당할 힘을 공급하십니다.

다니엘 10:19

이르되 큰 은총을 받은 사람이여 두려워하지 말라 평안하라 강건하라 강건하라 그가 이같이 내게 말하매 내가 곧 힘이 나서 이르되 내 주께서 나를 강건하게 하셨사오니 말씀하옵소서

04/26

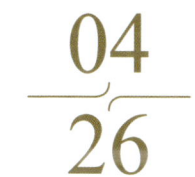

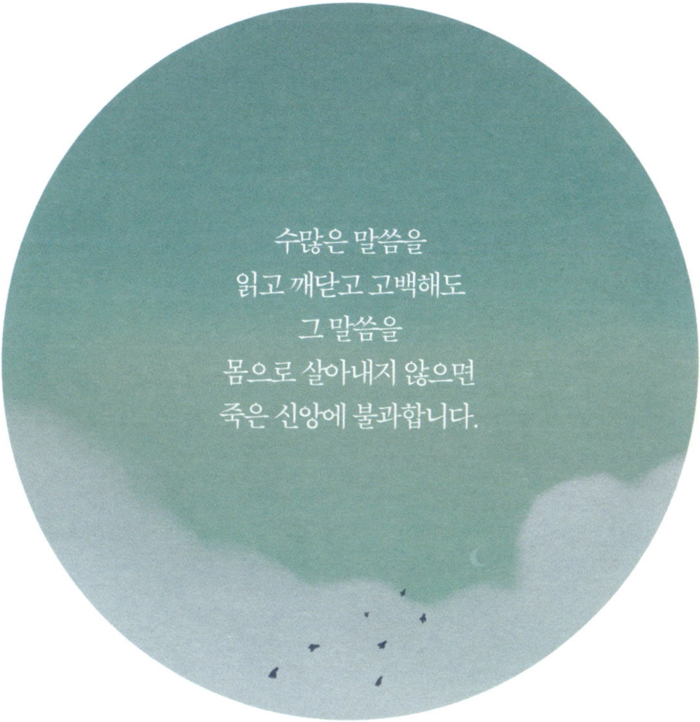
수많은 말씀을
읽고 깨닫고 고백해도
그 말씀을
몸으로 살아내지 않으면
죽은 신앙에 불과합니다.

야고보서 2:17

이와 같이 행함이 없는 믿음은 그 자체가 죽은 것이라

09/03

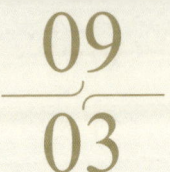

내 사랑아,
세상과 나를 겸하여 섬길 수는 없단다.
내 나라와 의를 먼저 구할 때
내가 하늘에서 기뻐한다는 걸 기억하렴.

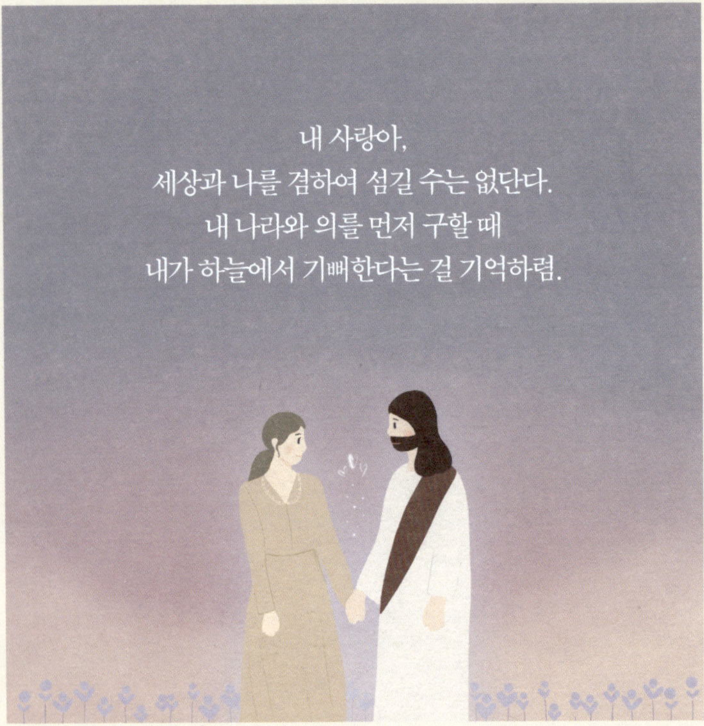

에베소서 5:15,16

그런즉 너희가 어떻게 행할지를 자세히 주의하여 지혜 없는 자같이 하지 말고
오직 지혜 있는 자같이 하여 세월을 아끼라 때가 악하니라

04/27

'나는 말씀대로 잘 가고 있는 걸까?'
'나는 예수님을 잘 믿고 있는 걸까?'
날마다 말씀에 비추어 성찰해야 합니다.

성찰하지 않으면 죄가 죄인지 모르고
세상의 흐름대로 흘러가게 되기 때문입니다.

야고보서 1:26
누구든지 스스로 경건하다 생각하며 자기 혀를 재갈 물리지 아니하고
자기 마음을 속이면 이 사람의 경건은 헛것이라

09/02

다른 이의 은사를
부러워하거나
손가락질하고 조롱하지 마십시오.
각자의 은사로 조화를 이루어
하나님께 영광을 돌리십시오.

고린도전서 7:23,24
너희는 값으로 사신 것이니 사람들의 종이 되지 말라
형제들아 너희는 각각 부르심을 받은 그대로 하나님과 함께 거하라

04 / 28

마태복음 18:22
예수께서 이르시되 네게 이르노니 일곱 번뿐 아니라 일곱 번을 일흔 번까지라도 할지니라

09/01

하나님은
고통을 수단 삼으셔서
기도의 자리에서 우리를 만나주십니다.
하나님의 섭리를 다 알 순 없지만
우리는 기도 가운데
그분을 깊이 만날 수 있습니다.

시편 10:17
여호와여 주는 겸손한 자의 소원을 들으셨사오니
그들의 마음을 준비하시며 귀를 기울여 들으시고

04/29

기다림의 시간이 길어지면 지칠 수 있습니다.
그러나 의식적으로 주님을 더 신뢰하고
그분의 관점으로 생각하려고 노력하세요.
끝까지 주님을 바라보세요.

히브리서 3:6
그리스도는 하나님의 집을 맡은 아들로서 그와 같이 하셨으니
우리가 소망의 확신과 자랑을 끝까지 굳게 잡고 있으면 우리는 그의 집이라

365일, 당신의 마음에
말씀의 씨앗이 심겨
주님의 사랑으로 열매 맺기를!

September

9

햇살콩 한줄묵상 365

04 / 30

아침이 밝으면
'오늘은 주님이 내 안에
어떤 일들을 이뤄가실까?
어떤 말씀을 주실까?'
기대가 됩니다!

시편 143:8
아침에 나로 하여금 주의 인자한 말씀을 듣게 하소서 내가 주를 의뢰함이니이다
내가 다닐 길을 알게 하소서 내가 내 영혼을 주께 드림이니이다

08/31

365일 매 순간,
예수 그리스도의 사랑으로
내 삶이 물들어가길 소망합니다.

시편 118:24
이날은 여호와께서 정하신 것이라
이날에 우리가 즐거워하고 기뻐하리로다

365일, 당신의 마음에
말씀의 씨앗이 심겨
주님의 사랑으로 열매 맺기를!

May

5

햇살콩 한줌묵상 365

08
30

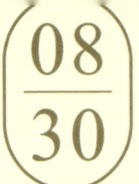

"돌이키면 살아나리라!"

주님,
제 안에 방치된 죄의 습관을
과감히 끊을 수 있는 은혜를 베풀어주세요.

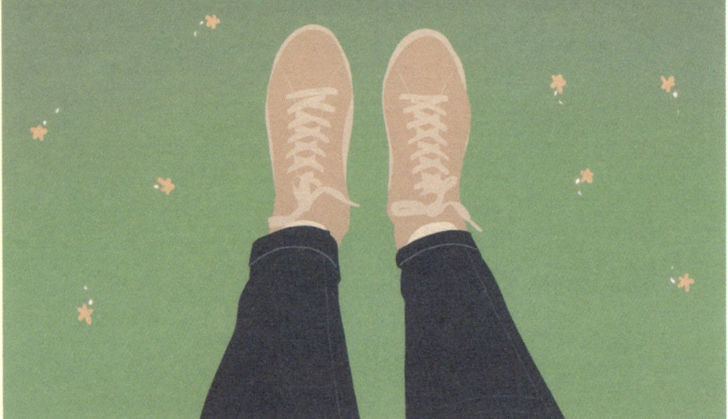

요한일서 2:15

이 세상이나 세상에 있는 것들을 사랑하지 말라
누구든지 세상을 사랑하면 아버지의 사랑이 그 안에 있지 아니하니

사랑하는 우리 가정의 구성원 모두가
예수 그리스도를 마음으로 믿고 입으로 시인하며
구원의 생명을 선물로 받길 소망합니다.

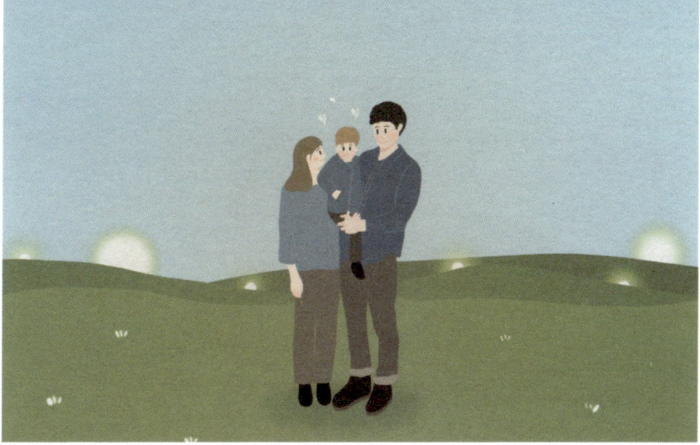

로마서 10:9,10
네가 만일 네 입으로 예수를 주로 시인하며
또 하나님께서 그를 죽은 자 가운데서 살리신 것을 네 마음에 믿으면 구원을 받으리라
사람이 마음으로 믿어 의에 이르고 입으로 시인하여 구원에 이르느니라

08
29

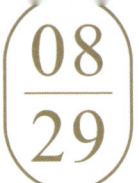

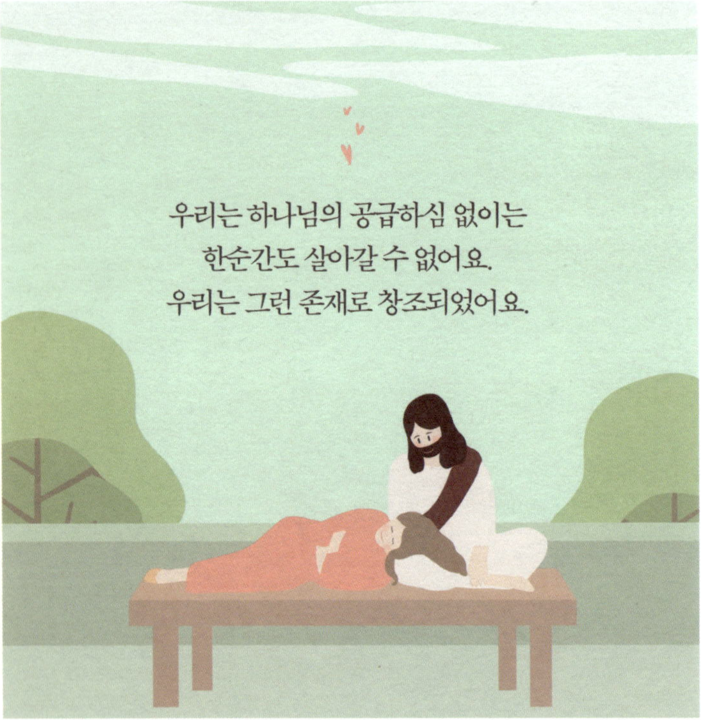
우리는 하나님의 공급하심 없이는
한순간도 살아갈 수 없어요.
우리는 그런 존재로 창조되었어요.

시편 139:7,9,10

내가 주의 영을 떠나 어디로 가며 주의 앞에서 어디로 피하리이까
내가 새벽 날개를 치며 바다 끝에 가서 거주할지라도
거기서도 주의 손이 나를 인도하시며 주의 오른손이 나를 붙드시리이다

05/02

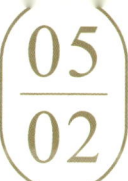

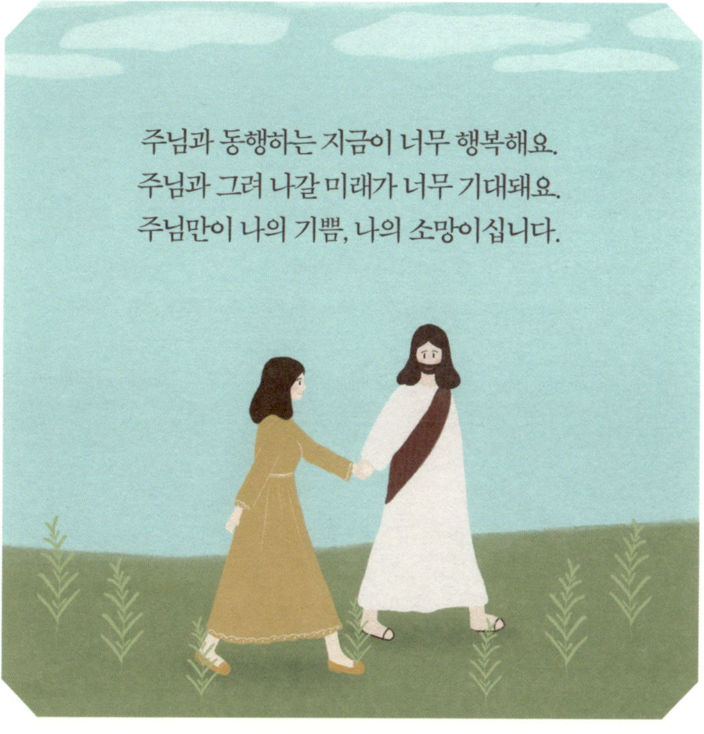

주님과 동행하는 지금이 너무 행복해요.
주님과 그려 나갈 미래가 너무 기대돼요.
주님만이 나의 기쁨, 나의 소망이십니다.

로마서 15:13

소망의 하나님이 모든 기쁨과 평강을 믿음 안에서 너희에게 충만하게 하사
성령의 능력으로 소망이 넘치게 하시기를 원하노라

08

28

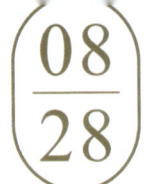

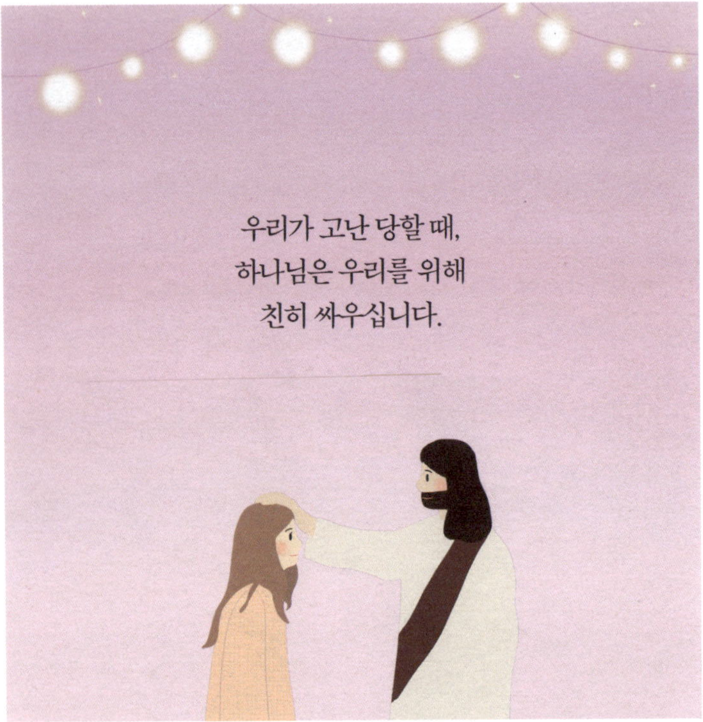
우리가 고난 당할 때,
하나님은 우리를 위해
친히 싸우십니다.

시편 144:1

나의 반석이신 여호와를 찬송하리로다
그가 내 손을 가르쳐 싸우게 하시며 손가락을 가르쳐 전쟁하게 하시는도다

05/03

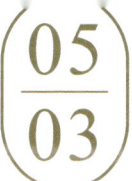

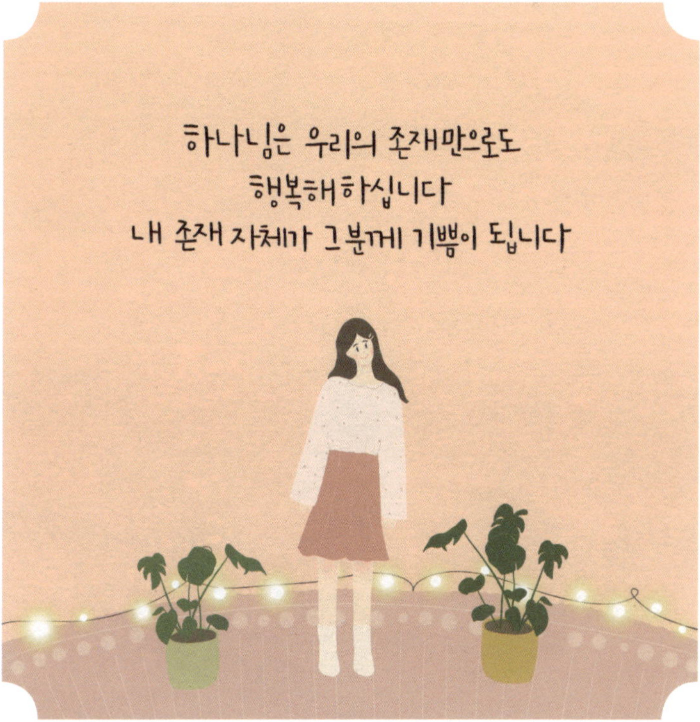
하나님은 우리의 존재만으로도
행복해하십니다
내 존재 자체가 그분께 기쁨이 됩니다

사무엘상 16:7

여호와께서 사무엘에게 이르시되 그의 용모와 키를 보지 말라
내가 이미 그를 버렸노라 내가 보는 것은 사람과 같지 아니하니
사람은 외모를 보거니와 나 여호와는 중심을 보느니라 하시더라

08/27

기도가 답입니다
기도하며 준비하는 자를
하나님은 사용하십니다

시편 25:4,5

여호와여 주의 도를 내게 보이시고 주의 길을 내게 가르치소서
주의 진리로 나를 지도하시고 교훈하소서
주는 내 구원의 하나님이시니 내가 종일 주를 기다리나이다

현실의 삶을 게을리하지 마십시오.
각자 자리에서 최선을 다하되
선한 일에는 더욱 열심을 내십시오.

데살로니가후서 3:10
우리가 너희와 함께 있을 때에도 너희에게 명하기를
누구든지 일하기 싫어하거든 먹지도 말게 하라 하였더니

08
26

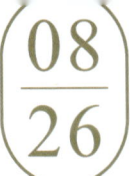

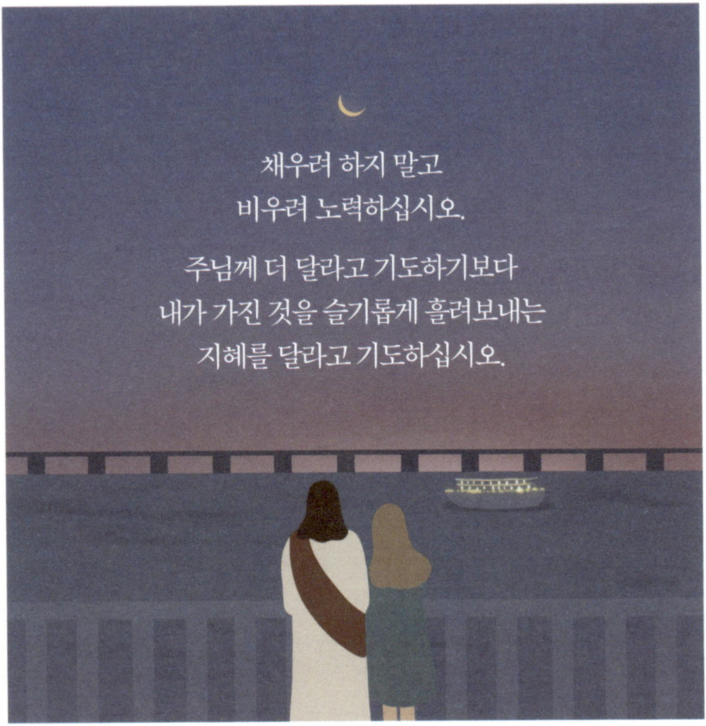
채우려 하지 말고
비우려 노력하십시오.
주님께 더 달라고 기도하기보다
내가 가진 것을 슬기롭게 흘려보내는
지혜를 달라고 기도하십시오.

갈라디아서 6:10

그러므로 우리는 기회 있는 대로 모든 이에게 착한 일을 하되
더욱 믿음의 가정들에게 할지니라

05
05

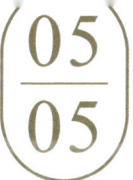

날이 갈수록
하나님께 '사랑'받는 아이로
사람들에게 '행복'을 주는 아이로
자라나길 기도할게.
온 맘 다해 축복해!

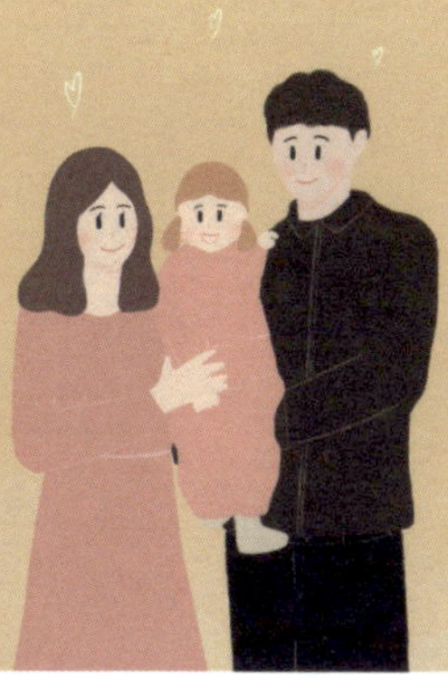

마태복음 18:4

그러므로 누구든지 이 어린아이와 같이 자기를 낮추는 사람이 천국에서 큰 자니라

과거의 후회는 내 발목을 붙잡고
앞으로 한 걸음도 나아갈 수 없게 하지만
주님은 말씀하십니다.

'내 사랑아,
두려워 말고 함께 걸어가자.
내 손을 붙들렴.'

마태복음 6:34
그러므로 내일 일을 위하여 염려하지 말라
내일 일은 내일이 염려할 것이요
한 날의 괴로움은 그날로 족하니라

05/06

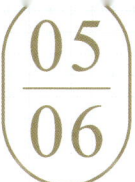

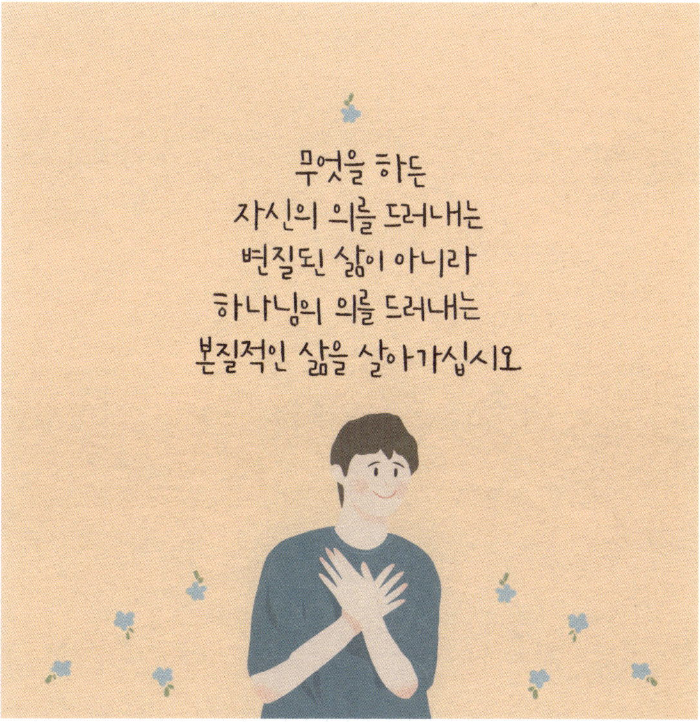
무엇을 하든
자신의 의를 드러내는
변질된 삶이 아니라
하나님의 의를 드러내는
본질적인 삶을 살아가십시오

로마서 10:3

하나님의 의를 모르고 자기 의를 세우려고
힘써 하나님의 의에 복종하지 아니하였느니라

08
24

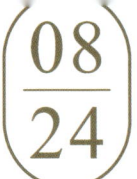

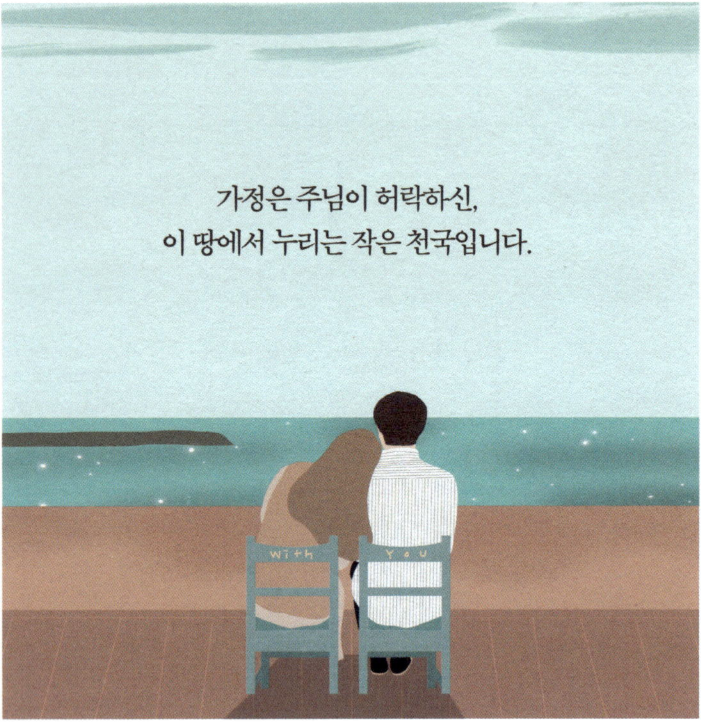
가정은 주님이 허락하신,
이 땅에서 누리는 작은 천국입니다.
with
you

마가복음 10:8,9

그 둘이 한 몸이 될지니라 이러한즉 이제 둘이 아니요 한 몸이니
그러므로 하나님이 짝지어주신 것을 사람이 나누지 못할지니라 하시더라

05
07

오늘도 하나님은
성경 말씀을 통해
'쓰담쓰담'
우리 마음을 위로해주실 뿐 아니라
소망을 품게 하십니다.

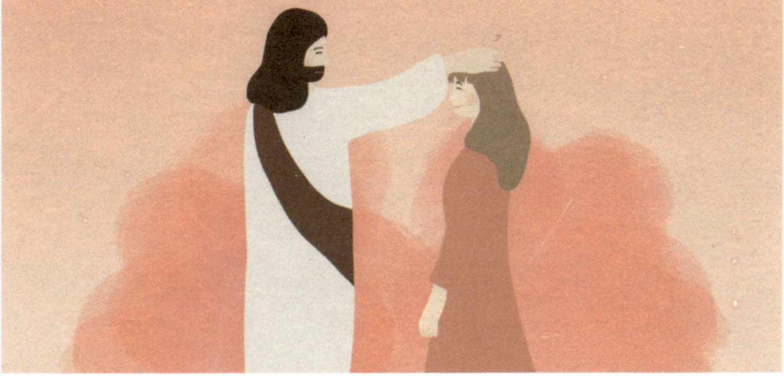

로마서 15:4,5

우리로 하여금 인내로 또는 성경의 위로로 소망을 가지게 함이니라
이제 인내와 위로의 하나님이 너희로 그리스도 예수를 본받아
서로 뜻이 같게 하여 주사

하나님, 제가 있는 이곳에서
최선을 다해 예배하겠습니다!
나는 하나님을 예배하는 예배자입니다.

요한복음 4:23,24
아버지께 참되게 예배하는 자들은 영과 진리로 예배할 때가 오나니 곧 이때라
아버지께서는 자기에게 이렇게 예배하는 자들을 찾으시느니라
하나님은 영이시니 예배하는 자가 영과 진리로 예배할지니라

05
08

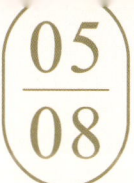

부모님의 헌신이 있었기에
오늘의 제가 있습니다.

존경하는 부모님!
온 맘 다해 감사합니다.
사랑합니다.

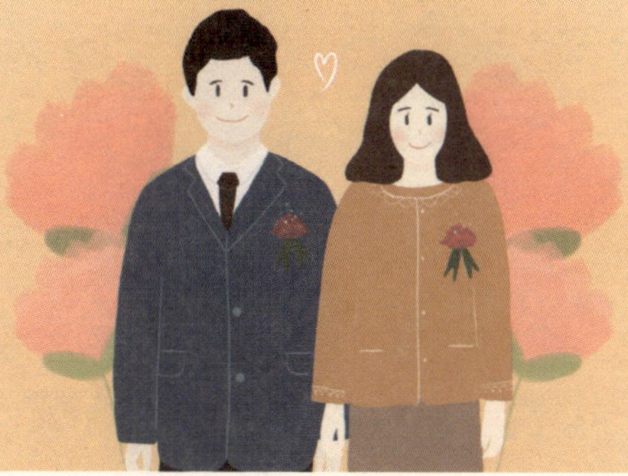

에베소서 6:1
자녀들아 주 안에서 너희 부모에게 순종하라 이것이 옳으니라

08
22

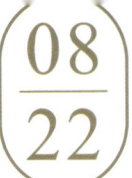

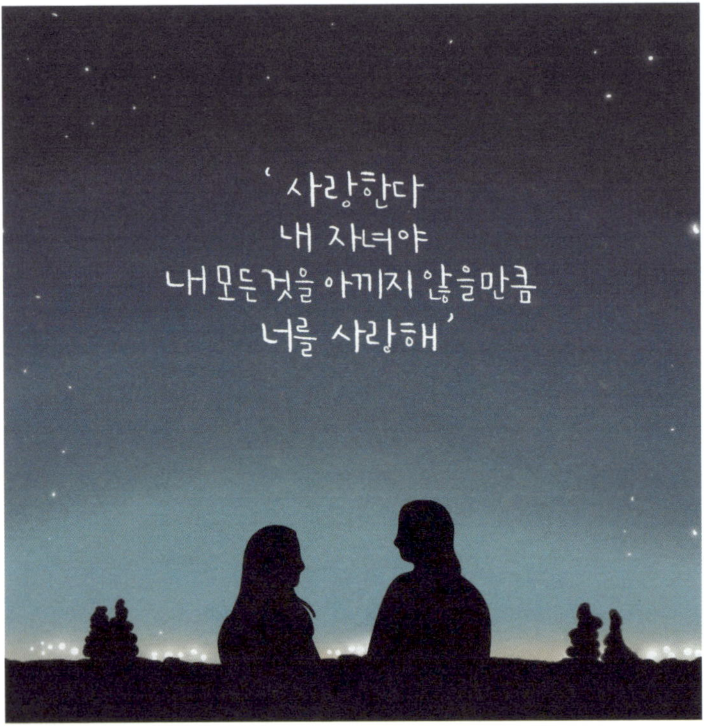
'사랑한다
내 자녀야
내 모든 것을 아끼지 않을 만큼
너를 사랑해'

고린도후서 6:17,18

내가 너희를 영접하여 너희에게 아버지가 되고
너희는 내게 자녀가 되리라
전능하신 주의 말씀이니라 하셨느니라

하나님께 귀히 쓰임 받으려면
자기 자신을 깨끗하게 해야 합니다.
내 안의 더러움을
그분의 은혜로 닦아내십시오.

디모데후서 2:21
그러므로 누구든지 이런 것에서 자기를 깨끗하게 하면
귀히 쓰는 그릇이 되어 거룩하고 주인의 쓰심에 합당하며
모든 선한 일에 준비함이 되리라

하나님이 내 삶을 연주하십니다.
하나님이 연주하시는 우리 삶에
불필요한 계이름은 없습니다.

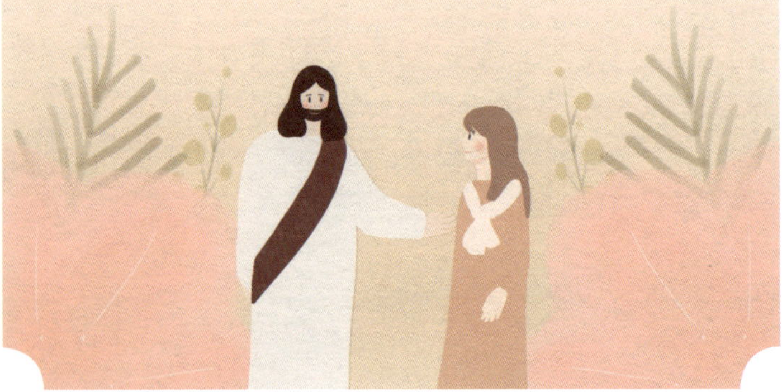

시편 40:3

새 노래 곧 우리 하나님께 올릴 찬송을 내 입에 두셨으니
많은 사람이 보고 두려워하여 여호와를 의지하리로다

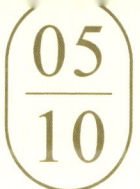

하나님이 허락하신 소중한 가정,
하나님이 맡겨주신 소중한 사역,
양육과 사역을 지혜롭게
사랑의 끈으로 묶어가길 소망합니다.

에베소서 4:11,12

그가 어떤 사람은 사도로, 어떤 사람은 선지자로,
어떤 사람은 복음 전하는 자로, 어떤 사람은 목사와 교사로 삼으셨으니
이는 성도를 온전하게 하여 봉사의 일을 하게 하며 그리스도의 몸을 세우려 하심이라

삶의 주인이 '자신'이 되는 순간
어리석음의 지름길로 들어서게 됩니다.

주님의 주권을 인정하며
그분의 자리를 탐내지 마십시오.

열왕기상 8:23

이르되 이스라엘의 하나님 여호와여
위로 하늘과 아래로 땅에 주와 같은 신이 없나이다
주께서는 온 마음으로 주의 앞에서 행하는 종들에게
언약을 지키시고 은혜를 베푸시나이다

주님,
우리의 무기가
세상의 것이 아닌 영적인 것이 되게 하시고,
말씀과 기도, 오직 하나님의 능력으로
영적 전쟁에 임하게 하소서.

고린도후서 10:4
우리의 싸우는 무기는 육신에 속한 것이 아니요
오직 어떤 견고한 진도 무너뜨리는 하나님의 능력이라

하나님의 사랑의 눈은
군중 속 한 사람 한 사람에게
초점이 맞춰져 있습니다.

에베소서 4:29
무릇 더러운 말은 너희 입 밖에도 내지 말고
오직 덕을 세우는 데 소용되는 대로 선한 말을 하여
듣는 자들에게 은혜를 끼치게 하라

05
12

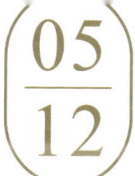

주님은 내 사랑이시고
내 전부이자 삶의 이유입니다.
'주 바라기'로 오직 주께만
온 마음을 쏟아붓는
인생을 살기 원합니다.

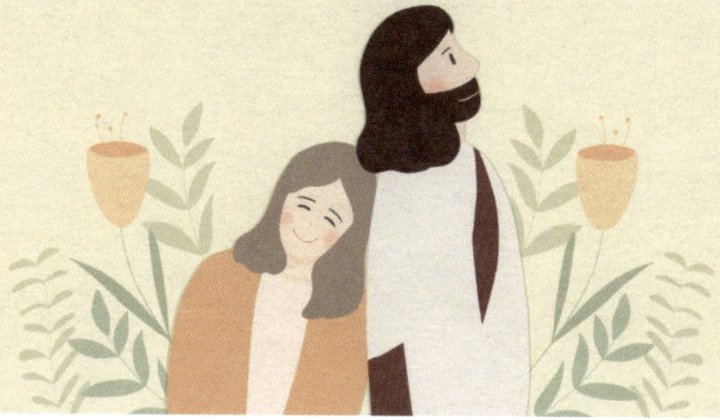

신명기 32:10

여호와께서 그를 황무지에서, 짐승이 부르짖는 광야에서 만나시고
호위하시며 보호하시며 자기의 눈동자같이 지키셨도다

사람들과 관계를 맺을 때,
상대를 지배하거나
지나치게 억압해서는 안 됩니다.

우리를 인격적으로 대해주시고
온유함으로 인내하시는
주님의 발자취를 따라가야 합니다.

이사야 42:3
상한 갈대를 꺾지 아니하며
꺼져가는 등불을 끄지 아니하고
진실로 정의를 시행할 것이며

05
13

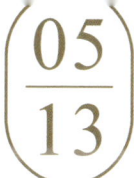

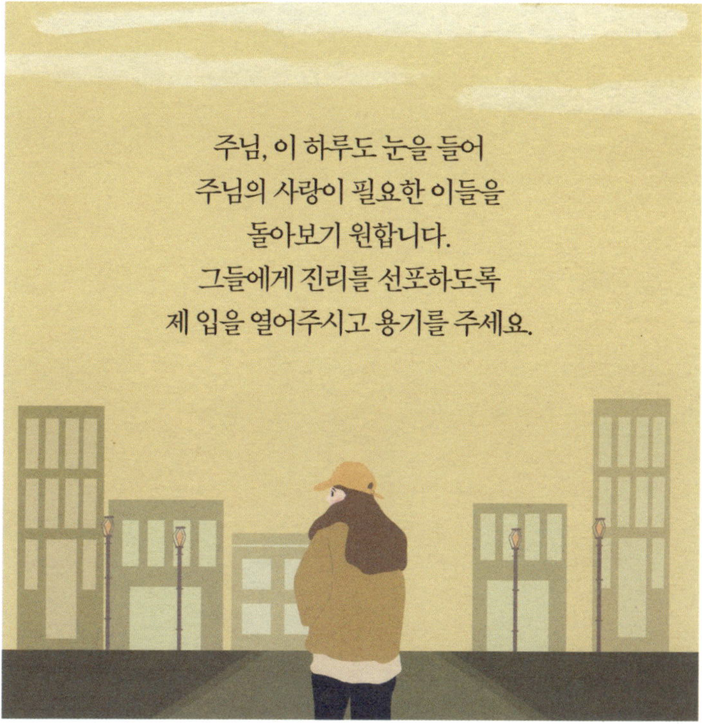
주님, 이 하루도 눈을 들어
주님의 사랑이 필요한 이들을
돌아보기 원합니다.
그들에게 진리를 선포하도록
제 입을 열어주시고 용기를 주세요.

시편 51:15

주여 내 입술을 열어주소서
내 입이 주를 찬송하여 전파하리이다

주님이 오실 날은 먼 훗날이 아닙니다.
곧 오실 주님의 날을 예비하며
늘 마음을 정결케 하기에 힘쓰십시오.

요한복음 16:33
이것을 너희에게 이르는 것은 너희로 내 안에서 평안을 누리게 하려 함이라
세상에서는 너희가 환난을 당하나 담대하라 내가 세상을 이기었노라

시편 94:19
내 속에 근심이 많을 때에
주의 위안이 내 영혼을 즐겁게 하시나이다

08/16

사람의 마음에 흡족한 사람이 되기보다
하나님의 마음에 합한 사람이 되기 원합니다.

사람의 기준에 나를 맞추지 않고
주님이 기뻐하시는 일에 삶을 바치기 원합니다.

빌립보서 4:8

끝으로 형제들아 무엇에든지 참되며 무엇에든지 경건하며 무엇에든지 옳으며 무엇에든지 정결하며 무엇에든지 사랑받을 만하며 무엇에든지 칭찬받을 만하며 무슨 덕이 있든지 무슨 기림이 있든지 이것들을 생각하라

05
15

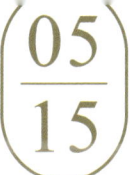

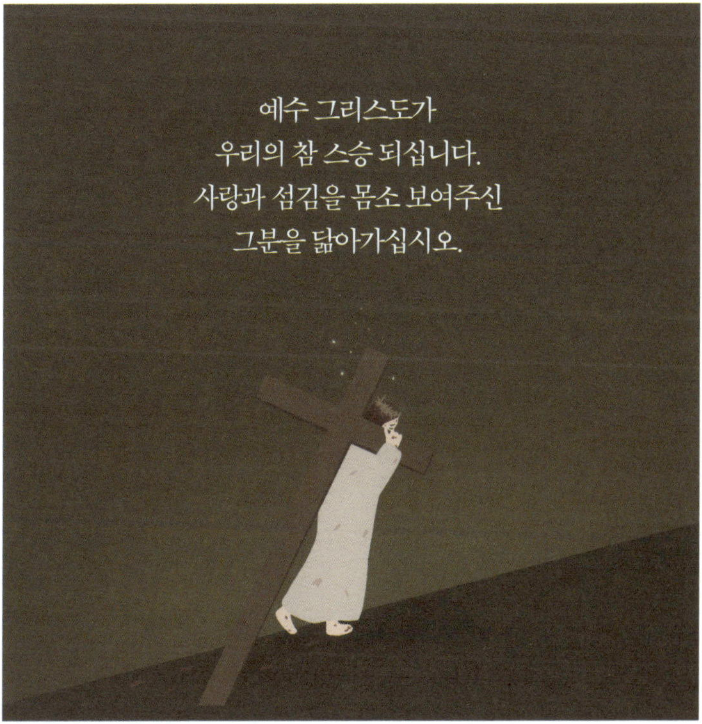
예수 그리스도가
우리의 참 스승 되십니다.
사랑과 섬김을 몸소 보여주신
그분을 닮아가십시오.

요한복음 13:13,14

너희가 나를 선생이라 또는 주라 하니 너희 말이 옳도다 내가 그러하다
내가 주와 또는 선생이 되어 너희 발을 씻었으니
너희도 서로 발을 씻어주는 것이 옳으니라

맡겨진 일을 억지로 감당하지 마십시오.
하기 싫은 일을 억지로 하면서
주님께 영광이 되기를 바라기보다
맡겨진 일을 기쁨으로 감당할 힘을
주님께 구하는 지혜가 있기를 바랍니다.

고린도후서 5:9
그런즉 우리는 몸으로 있든지 떠나든지
주를 기쁘시게 하는 자가 되기를 힘쓰노라

05/16

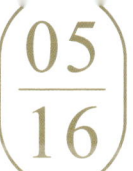

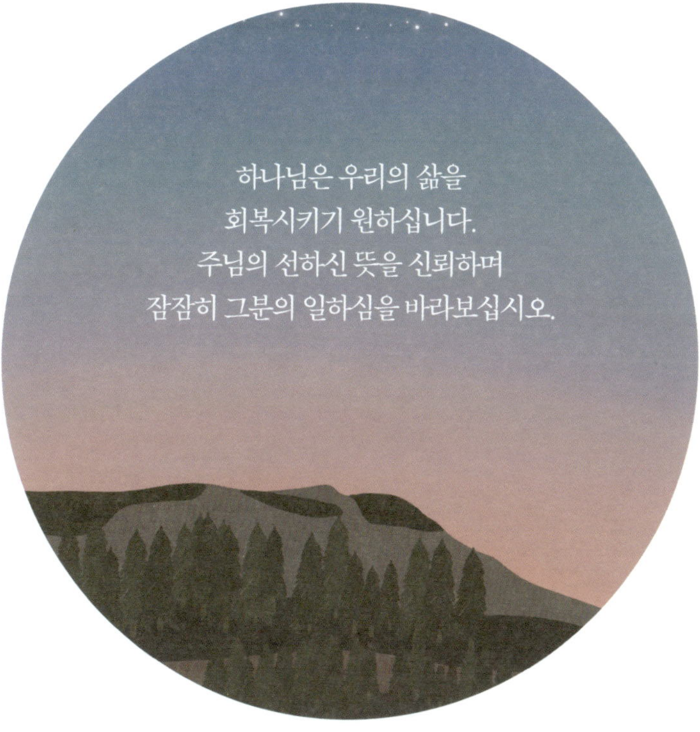
하나님은 우리의 삶을
회복시키기 원하십니다.
주님의 선하신 뜻을 신뢰하며
잠잠히 그분의 일하심을 바라보십시오.

마태복음 28:20

내가 너희에게 분부한 모든 것을 가르쳐 지키게 하라
볼지어다 내가 세상 끝날까지 너희와 항상 함께 있으리라 하시니라

08
14

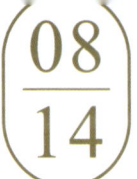

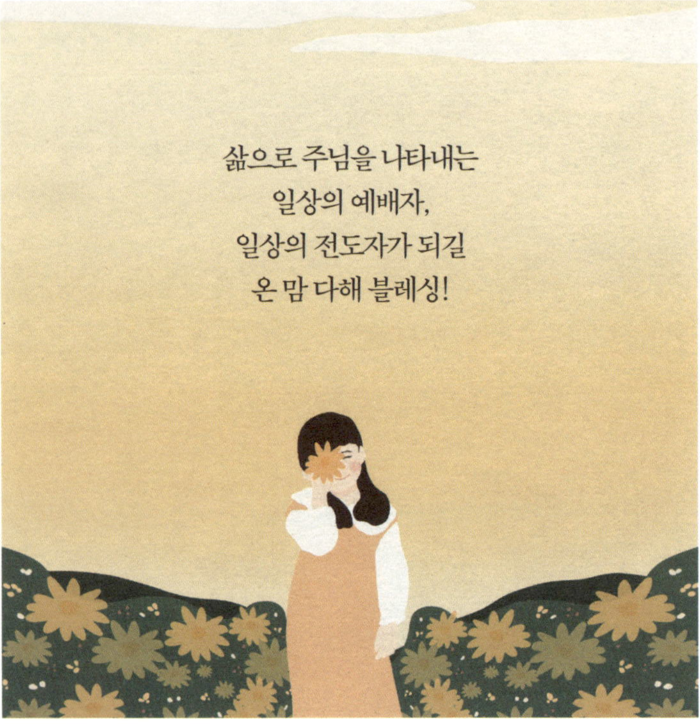
삶으로 주님을 나타내는
일상의 예배자,
일상의 전도자가 되길
온 맘 다해 블레싱!

고린도전서 2:12

우리가 세상의 영을 받지 아니하고 오직 하나님으로부터 온 영을 받았으니
이는 우리로 하여금 하나님께서 우리에게 은혜로 주신 것들을 알게 하려 하심이라

하나님이 창조하신 우주 만물 중에
그분의 형상을 따라 지어진 건 '사람'뿐입니다.

우리는 하나님의 형상을 닮았고,
그분의 손길로 창조되었습니다.

요한복음 1:3,4
만물이 그로 말미암아 지은 바 되었으니
지은 것이 하나도 그가 없이는 된 것이 없느니라
그 안에 생명이 있었으니 이 생명은 사람들의 빛이라

08
13

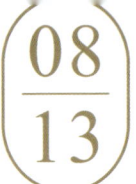

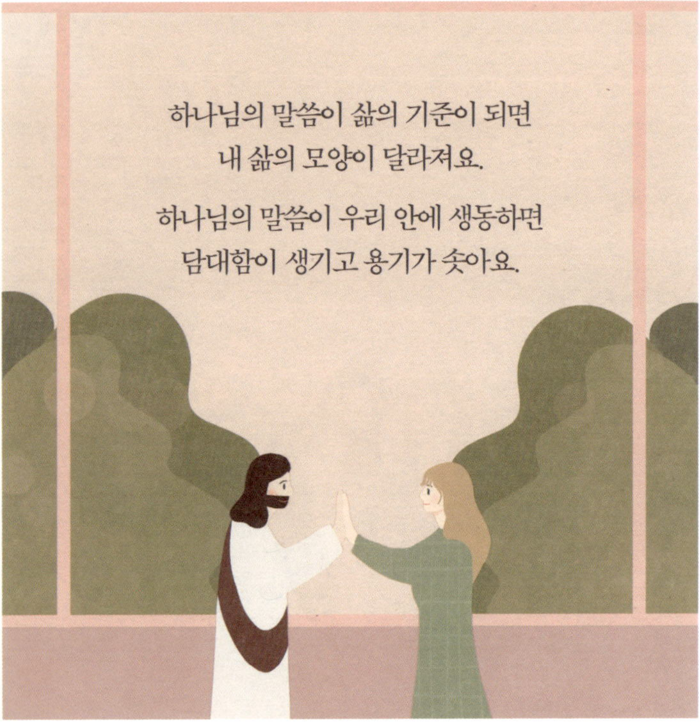
하나님의 말씀이 삶의 기준이 되면
내 삶의 모양이 달라져요.
하나님의 말씀이 우리 안에 생동하면
담대함이 생기고 용기가 솟아요.

로마서 6:11

이와 같이 너희도 너희 자신을 죄에 대하여는 죽은 자요
그리스도 예수 안에서 하나님께 대하여는 살아있는 자로 여길지어다

주님으로부터 너무 멀어졌다는
불안과 자책이 마음을 짓누르지만
다시 주님을 바라봅니다.

주님의 선하심과 자비로우심을 의지하며
이 자리에서 주님 음성을 기다립니다.

욥기 42:5
내가 주께 대하여 귀로 듣기만 하였사오나
이제는 눈으로 주를 뵈옵나이다

08
12

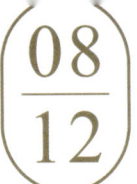

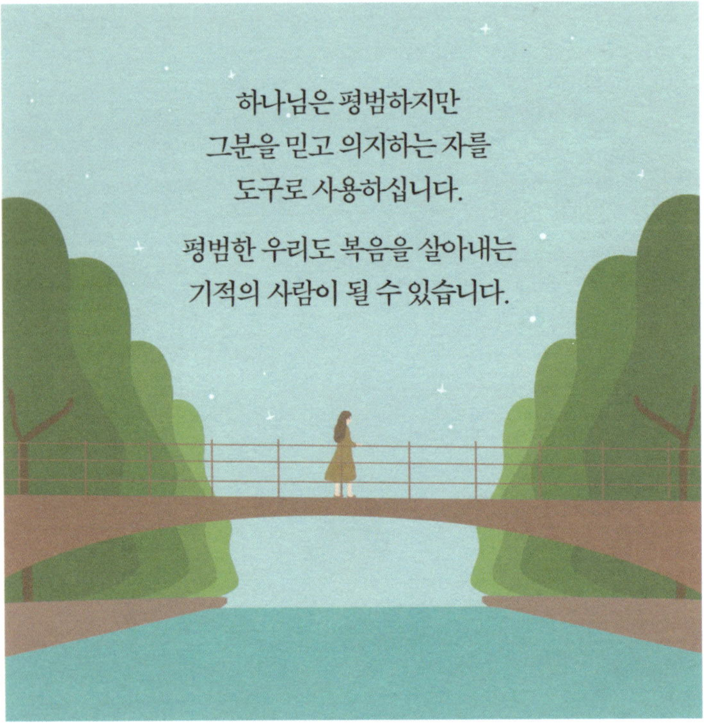
하나님은 평범하지만
그분을 믿고 의지하는 자를
도구로 사용하십니다.
평범한 우리도 복음을 살아내는
기적의 사람이 될 수 있습니다.

요한복음 11:40

예수께서 이르시되
내 말이 네가 믿으면 하나님의 영광을 보리라 하지 아니하였느냐 하시니

05
19

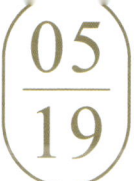

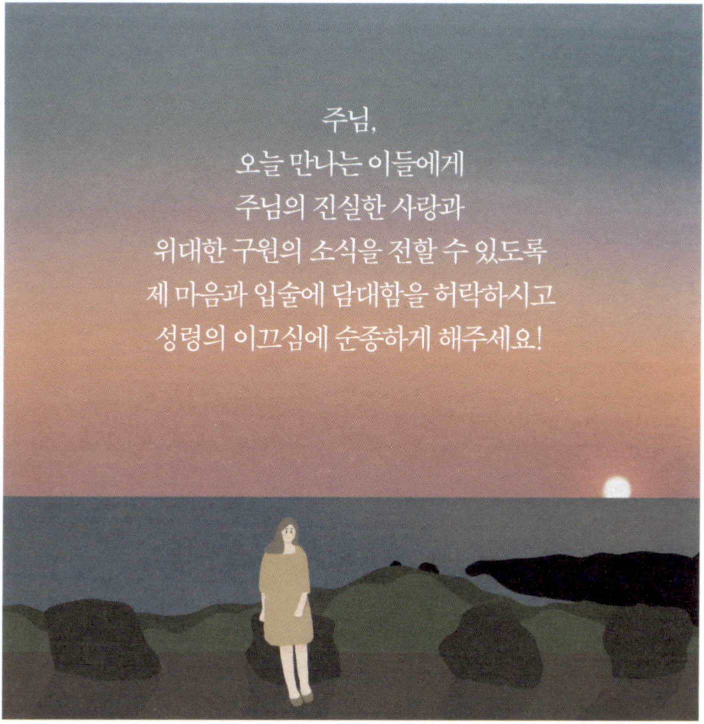
주님,
오늘 만나는 이들에게
주님의 진실한 사랑과
위대한 구원의 소식을 전할 수 있도록
제 마음과 입술에 담대함을 허락하시고
성령의 이끄심에 순종하게 해주세요!

출애굽기 4:12

이제 가라 내가 네 입과 함께 있어서 할 말을 가르치리라

08
11

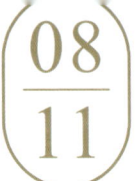

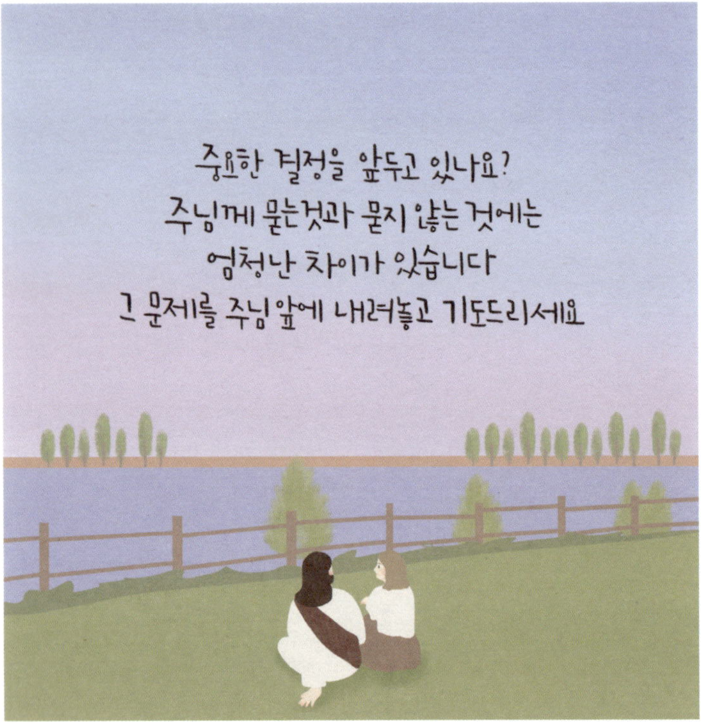
중요한 결정을 앞두고 있나요?
주님께 묻는것과 묻지 않는 것에는
엄청난 차이가 있습니다
그 문제를 주님 앞에 내려놓고 기도드리세요

시편 27:1

여호와는 나의 빛이요 나의 구원이시니 내가 누구를 두려워하리요
여호와는 내 생명의 능력이시니 내가 누구를 무서워하리요

05
20

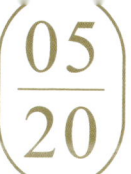

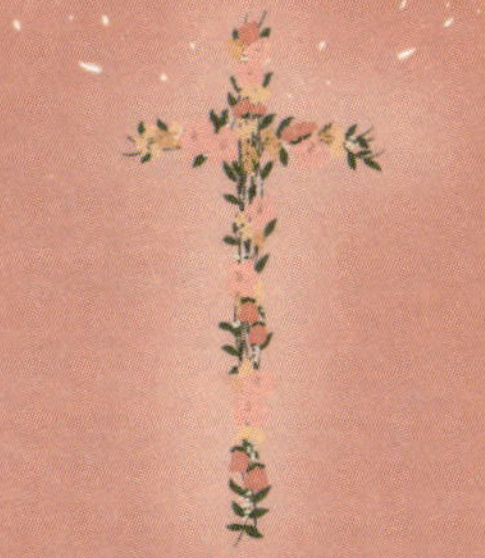

아무 상관없는 나를 위해
'십자가'를 지신 예수 그리스도.

그분의 희생으로
아무것도 아닌 우리가
하나님의 자녀로 초대를 받았습니다.

예수 그리스도의 십자가 사랑으로
죽음에서 생명으로 나아올 수 있었습니다.

로마서 3:24

그리스도 예수 안에 있는 속량으로 말미암아
하나님의 은혜로 값없이 의롭다 하심을 얻은 자 되었느니라

이미 여호와 하나님은
당신과 동행하고 계십니다.
오늘, 그분의 임재를
더욱 느끼게 해달라고 기도하십시오.
그분과 대화하십시오.

시편 119:165
주의 법을 사랑하는 자에게는 큰 평안이 있으니
그들에게 장애물이 없으리이다

이 세대는
기다림의 시간을 버거워합니다.
나를 향한 주님의 일하심을
초조해하며 조급하게 생각합니다.

주님, 평안으로 우리를 덮으시고
기다림 속에 역사하시는 주님을
기쁨으로 마주하도록 붙들어주세요.

시편 37:7
여호와 앞에 잠잠하고 참고 기다리라
자기 길이 형통하며 악한 꾀를 이루는 자 때문에
불평하지 말지어다

08

09

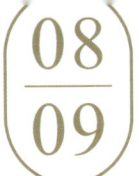

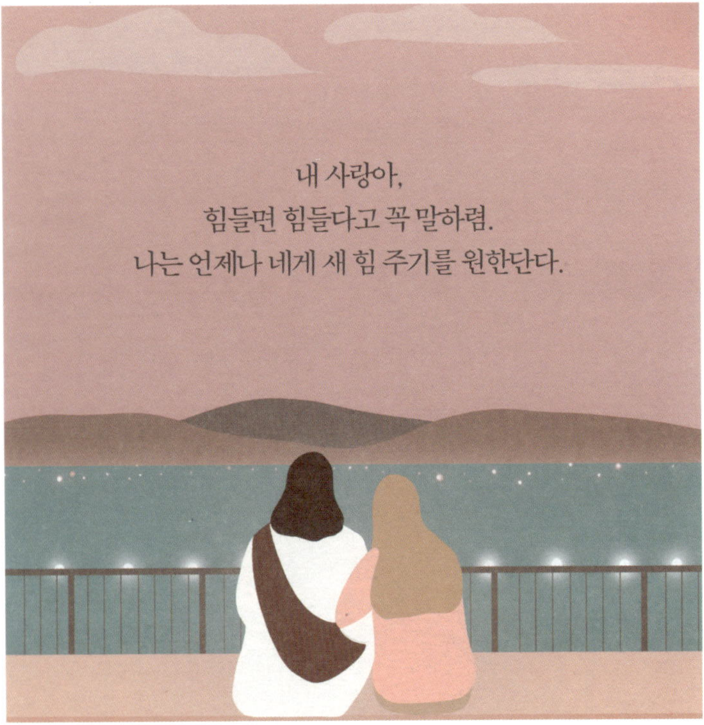
내 사랑아,
힘들면 힘들다고 꼭 말하렴.
나는 언제나 네게 새 힘 주기를 원한단다.

시편 40:2

나를 기가 막힐 웅덩이와 수렁에서 끌어올리시고
내 발을 반석 위에 두사 내 걸음을 견고하게 하셨도다

다니엘은 죽음의 위협 앞에서도
하루 세 번 기도의 자리를 지켰습니다.

우리 일상이 정신없이 바쁘고 여유가 없어도
그분과 대화의 자리를
끝까지 사수하길 기도합니다.

시편 31:19
주를 두려워하는 자를 위하여 쌓아두신 은혜
곧 주께 피하는 자를 위하여
인생 앞에 베푸신 은혜가 어찌 그리 큰지요

08/08

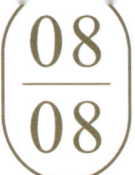

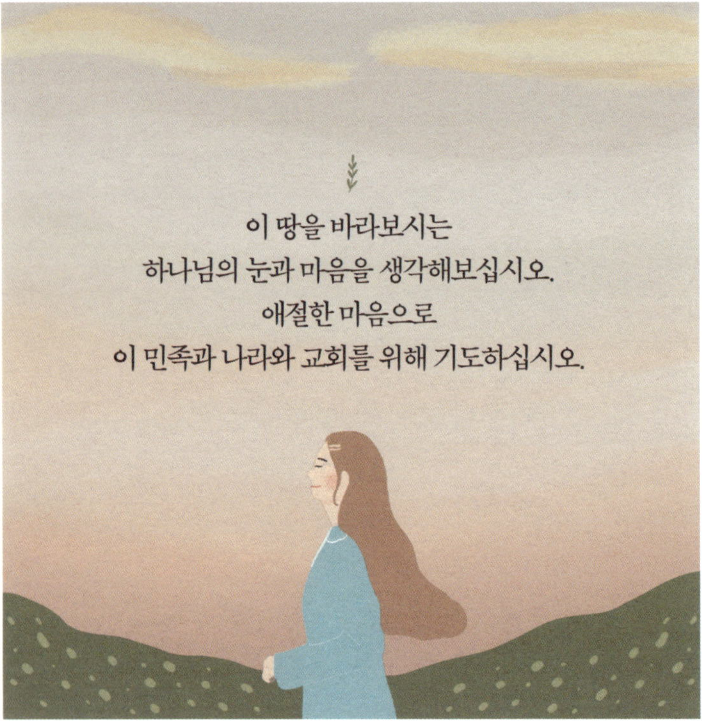
이 땅을 바라보시는
하나님의 눈과 마음을 생각해보십시오.
애절한 마음으로
이 민족과 나라와 교회를 위해 기도하십시오.

예레미야 31:3

옛적에 여호와께서 나에게 나타나사
내가 영원한 사랑으로 너를 사랑하기에
인자함으로 너를 이끌었다 하였노라

세상의 어떤 소유물로도
마음을 완전하게 충족시킬 순 없습니다.

마르지 않는 샘처럼
언제나 한결같은 사랑을 부어주시는
그분의 사랑 안에 거할 때만
우리는 완전한 만족을 누릴 수 있습니다.

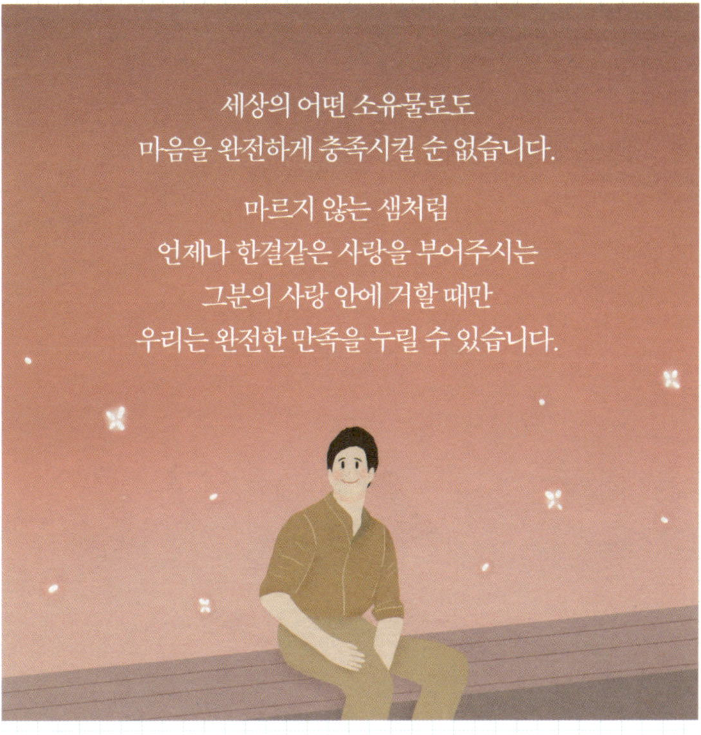

고린도전서 13:2
내가 예언하는 능력이 있어 모든 비밀과 모든 지식을 알고
또 산을 옮길 만한 모든 믿음이 있을지라도
사랑이 없으면 내가 아무것도 아니요

08 / 07

욕심에 사로잡히면
하나님께 응답을 강요하는
어리석음에 빠질 수 있습니다.
기도는 응답의 강요가 아니라,
살아계신 하나님과의 교제임을 기억하십시오.

고린도후서 10:5
하나님 아는 것을 대적하여 높아진 것을 다 무너뜨리고
모든 생각을 사로잡아 그리스도에게 복종하게 하니

비난하는 말 대신
이해하는 마음을 품게 하시고
판단하는 생각 대신
상대방의 마음을 헤아려 볼 수 있는
사랑의 시선을 허락해주세요

요한일서 3:18
자녀들아 우리가 말과 혀로만 사랑하지 말고
행함과 진실함으로 하자

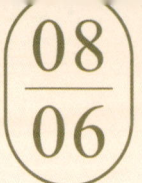

복음을 전하기 위해
모든 것을 내려놓고 떠난 이들이 있습니다.

한 손에는 복음 들고 한 손에는 사랑을 들고
지금도 낯선 땅에서 복음의 씨앗을 심는
선교사님들을 중보하기 원합니다.

요한복음 20:21
예수께서 또 이르시되 너희에게 평강이 있을지어다
아버지께서 나를 보내신 것같이 나도 너희를 보내노라

05
25

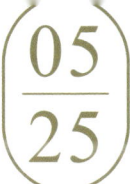

명예와 부유함이
내 자랑이 되지 않기를 기도합니다.

내 평생의 기쁨이요
내 영원한 소망 되신
예수 그리스도만을 자랑하며 살겠습니다.

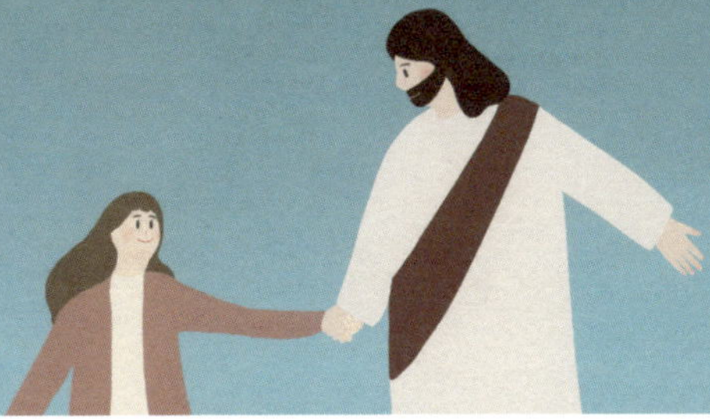

시편 44:8

우리가 종일 하나님을 자랑하였나이다
우리는 하나님의 이름에 영원히 감사하리이다(셀라)

내 사랑아,
다른 이의 기쁨을 질투하지 말고,
다른 이의 슬픔을 약점으로 여기지 말며,
기쁨에 함께 감사하고, 슬픔에 함께 기도하며
그들과 공감하는 그리스도인이 되렴.

시편 123:3
여호와여 우리에게 은혜를 베푸시고 또 은혜를 베푸소서
심한 멸시가 우리에게 넘치나이다

05
26

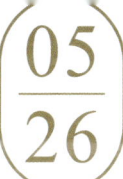

주님이 다시 오실 그날을 기다립니다.
사랑하는 주님을 마주하기를 기대합니다.
기다리고 기대하며,
끝까지 최선을 다해 사랑하고 섬기렵니다.

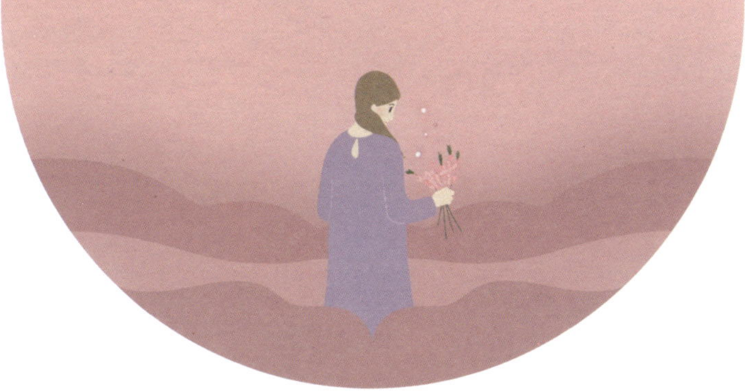

시편 119:50

이 말씀은 나의 고난 중의 위로라
주의 말씀이 나를 살리셨기 때문이니이다

08/04

이 절망의 자리, 실패의 자리에
찾아와주신 주님께 감사드려요.
제 인생을 주님께 맡기오니
주님이 다스려주세요.

시편 71:20,21

우리에게 여러 가지 심한 고난을 보이신 주께서
우리를 다시 살리시며 땅 깊은 곳에서 다시 이끌어 올리시리이다
나를 더욱 창대하게 하시고 돌이키사 나를 위로하소서

내 사랑아,
진주나 보석을 소유하면
잠깐의 부귀와 아름다움을 느끼지만
내 말씀을 소유하면
영원한 생명을 누리게 된단다.

누가복음 12:34
너희 보물 있는 곳에는 너희 마음도 있으리라

예수님을 증거하는 삶을 살기 원하십니까?
그렇다면 세상의 미움을 두려워하지 마십시오.
성령께서 말씀을 주시는 대로
담대히 세상에 선포하십시오.

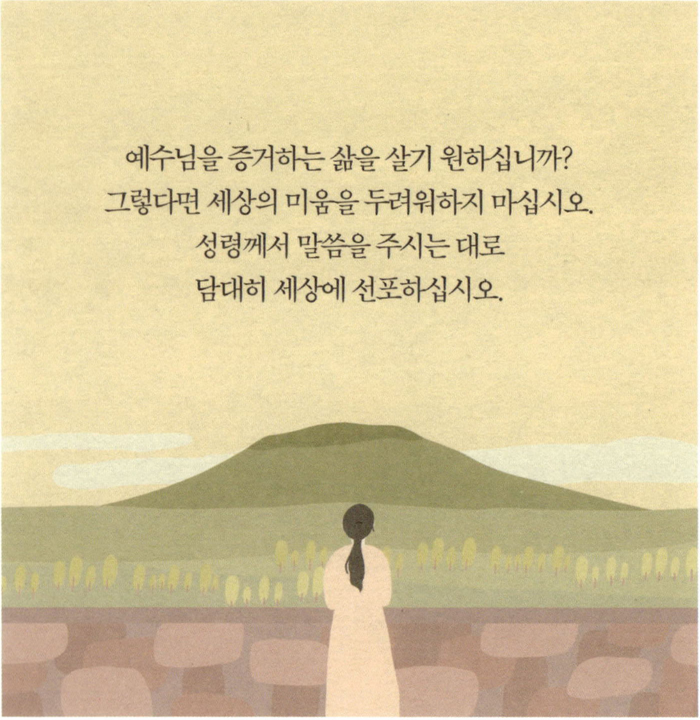

이사야 61:1

주 여호와의 영이 내게 내리셨으니 이는 여호와께서 내게 기름을 부으사
가난한 자에게 아름다운 소식을 전하게 하려 하심이라 나를 보내사
마음이 상한 자를 고치며 포로 된 자에게 자유를, 갇힌 자에게 놓임을 선포하며

사람을 통해 역사하시는 주님
오늘도 만남의 축복과
관계 속 기쁨을 누리며
살아가게 도와주세요

전도서 4:12
한 사람이면 패하겠거니와 두 사람이면 맞설 수 있나니
세 겹 줄은 쉽게 끊어지지 아니하느니라

08
02

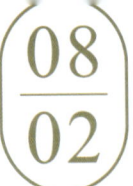

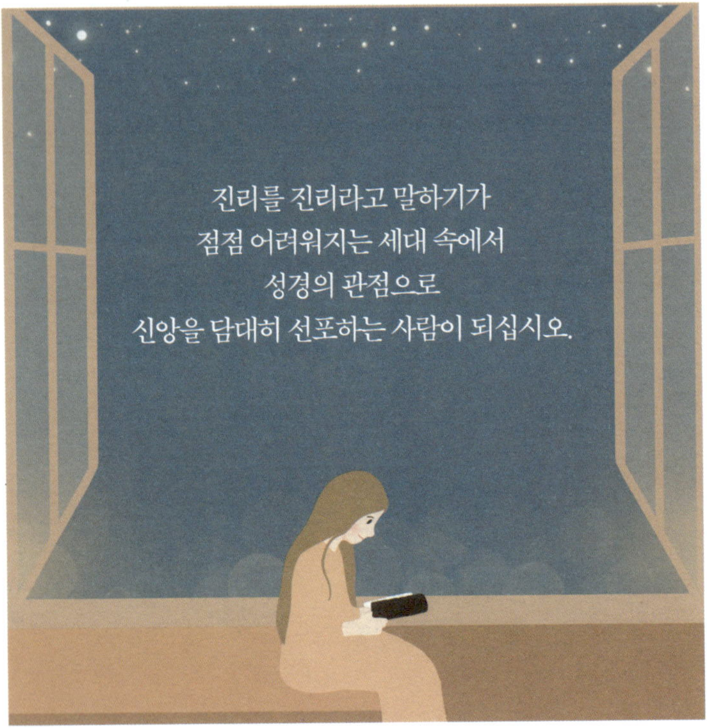
진리를 진리라고 말하기가
점점 어려워지는 세대 속에서
성경의 관점으로
신앙을 담대히 선포하는 사람이 되십시오.

골로새서 1:24

나는 이제 너희를 위하여 받는 괴로움을 기뻐하고
그리스도의 남은 고난을
그의 몸 된 교회를 위하여 내 육체에 채우노라

05/29

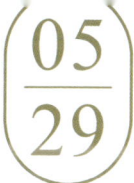

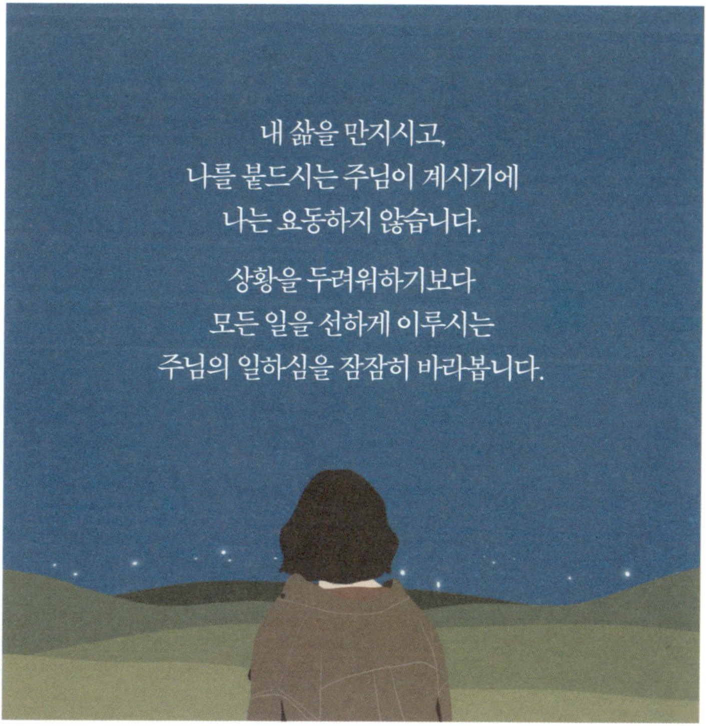

내 삶을 만지시고,
나를 붙드시는 주님이 계시기에
나는 요동하지 않습니다.
상황을 두려워하기보다
모든 일을 선하게 이루시는
주님의 일하심을 잠잠히 바라봅니다.

예레미야애가 3:33

주께서 인생으로 고생하게 하시며 근심하게 하심은
본심이 아니시로다

요한복음 7:38
나를 믿는 자는 성경에 이름과 같이
그 배에서 생수의 강이 흘러나오리라 하시니

05/30

세상은 초 단위로 변화하지만
사랑이신 하나님은 태초부터 지금까지
그리고 앞으로도 영원토록 변함없으십니다.

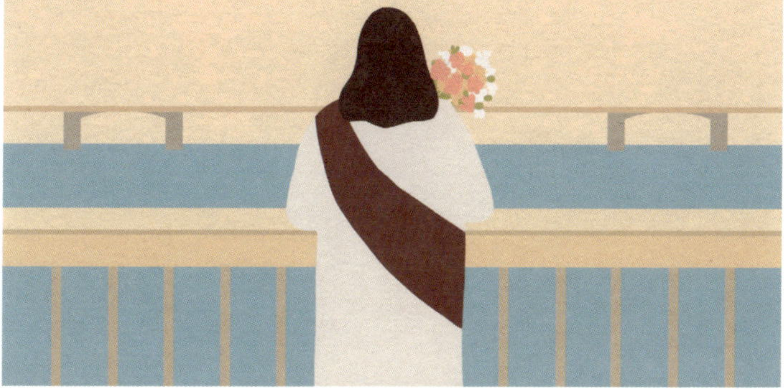

시편 90:2

산이 생기기 전, 땅과 세계도 주께서 조성하시기 전
곧 영원부터 영원까지 주는 하나님이시니이다

365일, 당신의 마음에
말씀의 씨앗이 심겨
주님의 사랑으로 열매 맺기를!

August

8

햇살콩 한줌묵상 365

05/31

비교는
내가 가진 것을 작게 만들고
마음속 감사를 빼앗아갑니다.

'비교'라는 올무를 발견하면
속히 주님께로 달려가야 합니다.

요한복음 4:14
내가 주는 물을 마시는 자는 영원히 목마르지 아니하리니
내가 주는 물은 그 속에서 영생하도록 솟아나는 샘물이 되리라

07 / 31

섬김은 무엇보다
마음의 동기가 중요합니다.
자발적으로 주님을 섬기고
자발적으로 다른 이들을 섬기십시오.

베드로전서 4:8
무엇보다도 뜨겁게 서로 사랑할지니
사랑은 허다한 죄를 덮느니라

365일, 당신의 마음에
말씀의 씨앗이 심겨
주님의 사랑으로 열매 맺기를!

June

6

햇살콩 한줌묵상 365

07/30

하나님께서 당신을 만드셨습니다.
당신을 향한 그분의 선한 뜻과
목적이 있음을 기억하고 오늘을 살아가십시오.

요한일서 2:17
이 세상도, 그 정욕도 지나가되
오직 하나님의 뜻을 행하는 자는 영원히 거하느니라

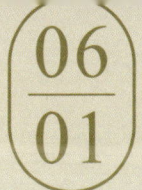

하나님 보시기에 가장 겸손한 사람은
기도하는 사람입니다.
우리는 항상 쉬지 말고
범사에 기도해야 합니다.

고린도전서 3:23
너희는 그리스도의 것이요
그리스도는 하나님의 것이니라

SOLI DEO GLORIA!
오직 하나님의 영광을 위하여!

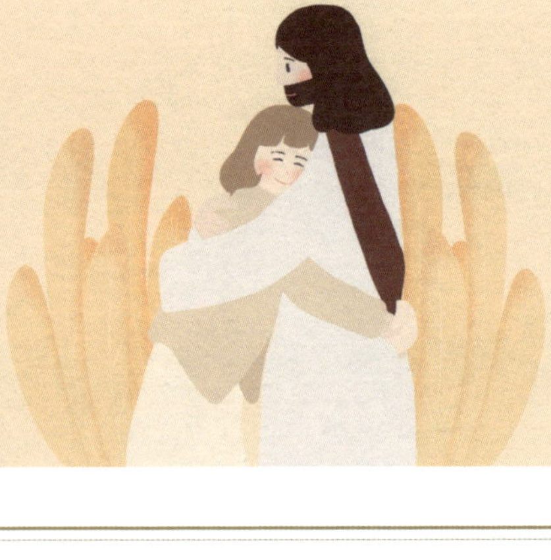

베드로전서 2:9
그러나 너희는 택하신 족속이요 왕 같은 제사장들이요 거룩한 나라요
그의 소유가 된 백성이니 이는 너희를 어두운 데서 불러내어
그의 기이한 빛에 들어가게 하신 이의 아름다운 덕을 선포하게 하려 하심이라

주님은 늘 우리의 이야기에
귀 기울이십니다
우리의 감정에 공감하시고
우리의 마음을 위로하십니다

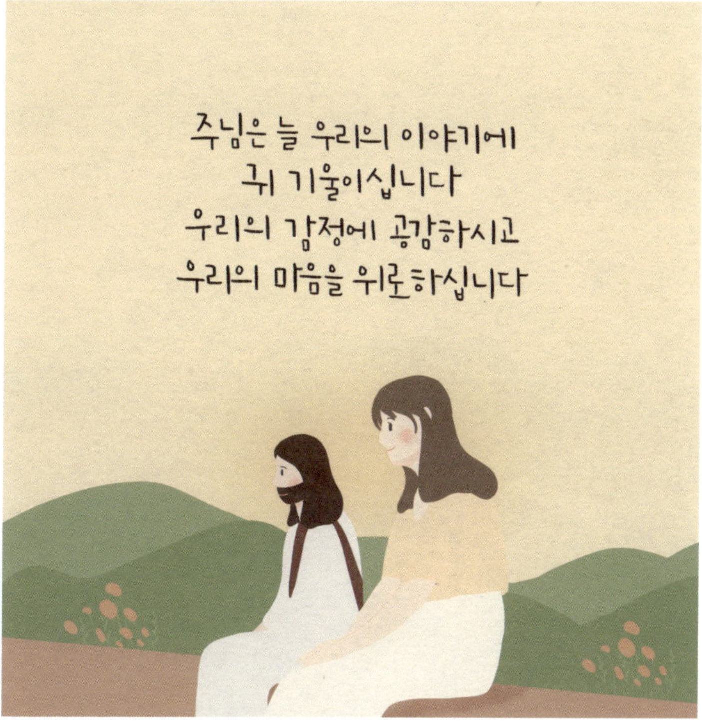

이사야 58:11
여호와가 너를 항상 인도하여 메마른 곳에서도
네 영혼을 만족하게 하며 네 뼈를 견고하게 하리니
너는 물 댄 동산 같겠고 물이 끊어지지 아니하는 샘 같을 것이라

오늘, 잠잠히 나를 돌아보며
주님 뜻에 합당한 삶과 사역이었는지
점검하기 원합니다.
주님께 철저히 의지하는
순종의 믿음을 주소서!

데살로니가전서 5:16-18
항상 기뻐하라 쉬지 말고 기도하라 범사에 감사하라
이것이 그리스도 예수 안에서 너희를 향하신 하나님의 뜻이니라

주님은 오늘도 우리에게 말씀하십니다.

'사랑한다, 내 자녀야.
내 모든 것을 아끼지 않을 만큼
너를 사랑해.'

요한복음 16:27
이는 너희가 나를 사랑하고 또 내가 하나님께로부터 온 줄 믿었으므로
아버지께서 친히 너희를 사랑하심이라

07
27

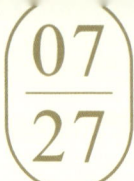

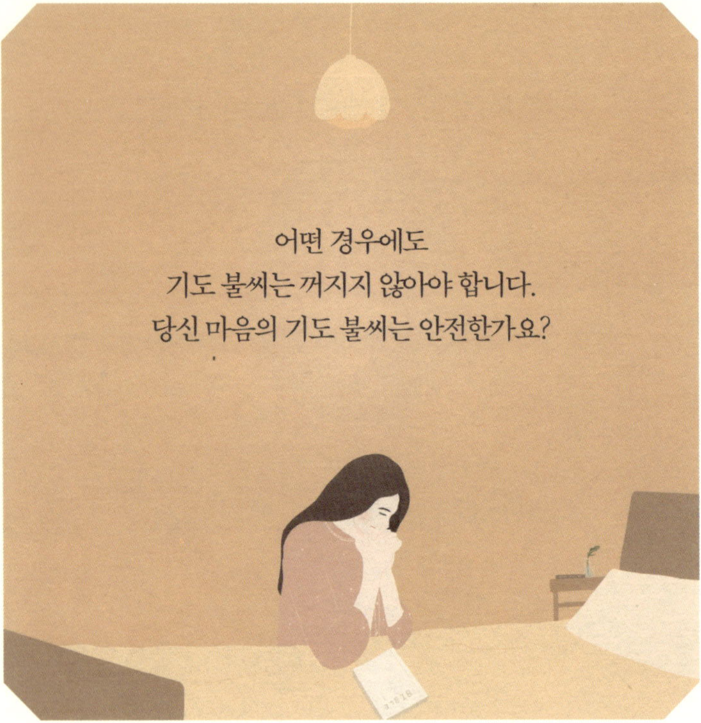
어떤 경우에도
기도 불씨는 꺼지지 않아야 합니다.
당신 마음의 기도 불씨는 안전한가요?

에베소서 4:30

하나님의 성령을 근심하게 하지 말라
그 안에서 너희가 구원의 날까지 인치심을 받았느니라

유행을 따르기보다
주님을 따르겠습니다.

대세를 닮아가기보다
주님을 닮아가겠습니다.

본질적인 것에 마음을 쏟겠습니다.

고린도전서 1:9
너희를 불러 그의 아들 예수 그리스도 우리 주와
더불어 교제하게 하시는 하나님은 미쁘시도다

07 / 26

시편 23:1
여호와는 나의 목자시니 내게 부족함이 없으리로다

밤하늘을 수놓은 별들보다
광활한 바다의 경이로움보다
더 아름답게 창조된 하나님의 걸작품!

'나'의 존귀함을 기억하세요!

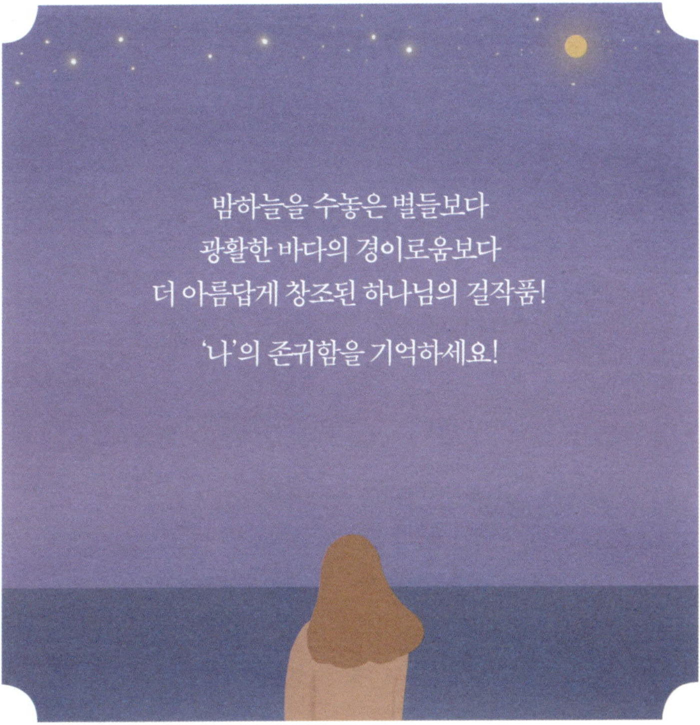

아가 2:13

나의 사랑, 나의 어여쁜 자야 일어나서 함께 가자

07/25

어둠이 짙어질수록
작은 불빛 하나가 더욱 밝게 빛나듯
이 어두운 세상 가운데
우리가 맡은 등불의 역할 또한 그러합니다.

빌립보서 2:14,15

모든 일을 원망과 시비가 없이 하라 이는 너희가 흠이 없고 순전하여
어그러지고 거스르는 세대 가운데서 하나님의 흠 없는 자녀로
세상에서 그들 가운데 빛들로 나타내며

할렐루야!
나의 사랑, 나의 아버지
주님을 찬양합니다!

내 삶이 주님을 향한
아름다운 멜로디가 되기 원합니다!

시편 34:1
내가 여호와를 항상 송축함이여
내 입술로 항상 주를 찬양하리이다

특히
성적인 유혹,
물질의 유혹,
명예의 유혹을 주의하십시오.

누가복음 12:15
그들에게 이르시되 삼가 모든 탐심을 물리치라
사람의 생명이 그 소유의 넉넉한 데 있지 아니하니라 하시고

06
07

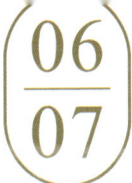

주님이 오늘 내게
'너는 나를 누구라 하느냐?' 물으신다면
무어라 말할까?

우리 마음에
선명하게 새겨지는 질문이 되기를 원합니다.

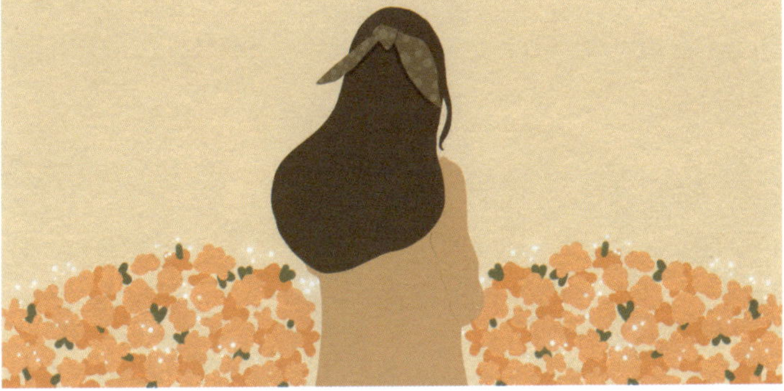

마태복음 16:15

이르시되 너희는 나를 누구라 하느냐

07/23

내 욕심에 사로잡힌
나 중심의 기도가 아니라,
하나님의 약속을 붙잡는 기도를 하십시오.

고린도후서 4:18
우리가 주목하는 것은 보이는 것이 아니요 보이지 않는 것이니
보이는 것은 잠깐이요 보이지 않는 것은 영원함이라

06
08

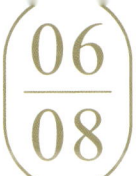

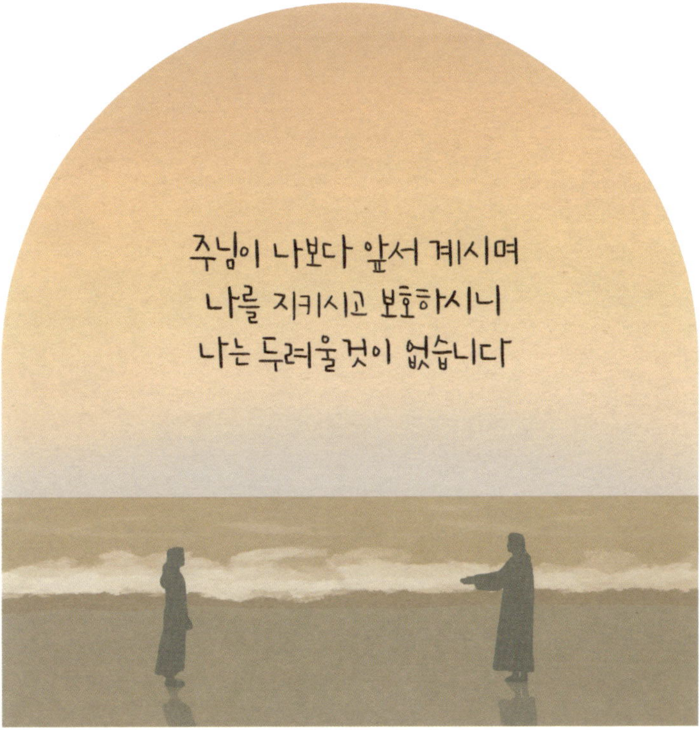
주님이 나보다 앞서 계시며
나를 지키시고 보호하시니
나는 두려울것이 없습니다

신명기 1:33

그는 너희보다 먼저 그 길을 가시며 장막 칠 곳을 찾으시고
밤에는 불로, 낮에는 구름으로 너희가 갈 길을 지시하신 자이시니라

07
22

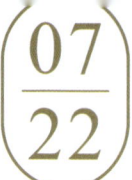

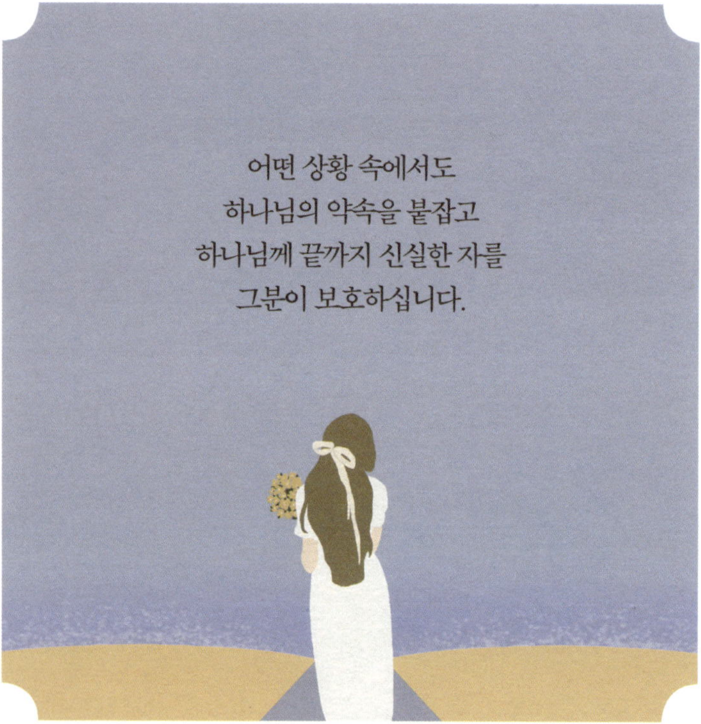
어떤 상황 속에서도
하나님의 약속을 붙잡고
하나님께 끝까지 신실한 자를
그분이 보호하십니다.

나훔 1:7

여호와는 선하시며 환난 날에 산성이시라
그는 자기에게 피하는 자들을 아시느니라

06
09

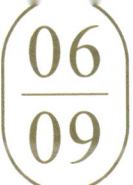

더 많은 것을 갖기 위해
고군분투하기보다
주님을 더 많이 알기 위해
전력질주하십시오!

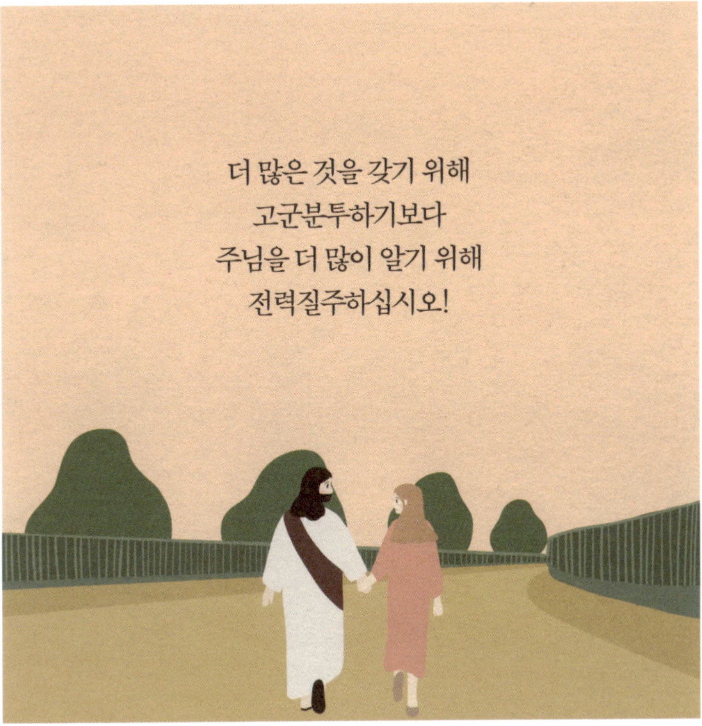

디모데전서 2:4

하나님은 모든 사람이 구원을 받으며
진리를 아는 데에 이르기를 원하시느니라

07/21

내 사랑아,
기다림과 기도의 시간이 없이는
'하나님께서 일하셨다'라고 고백할 수 없단다.

출애굽기 14:14
여호와께서 너희를 위하여 싸우시리니
너희는 가만히 있을지니라

우리 몸은 주님의 거룩한 성전입니다.
십자가의 피로 값 주고 사신 이 몸으로
하나님을 영화롭게 하며 살아가십시오.

고린도전서 6:19
너희 몸은 너희가 하나님께로부터 받은 바
너희 가운데 계신 성령의 전인 줄을 알지 못하느냐
너희는 너희 자신의 것이 아니라

07/20

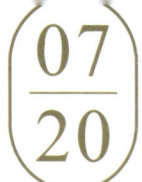

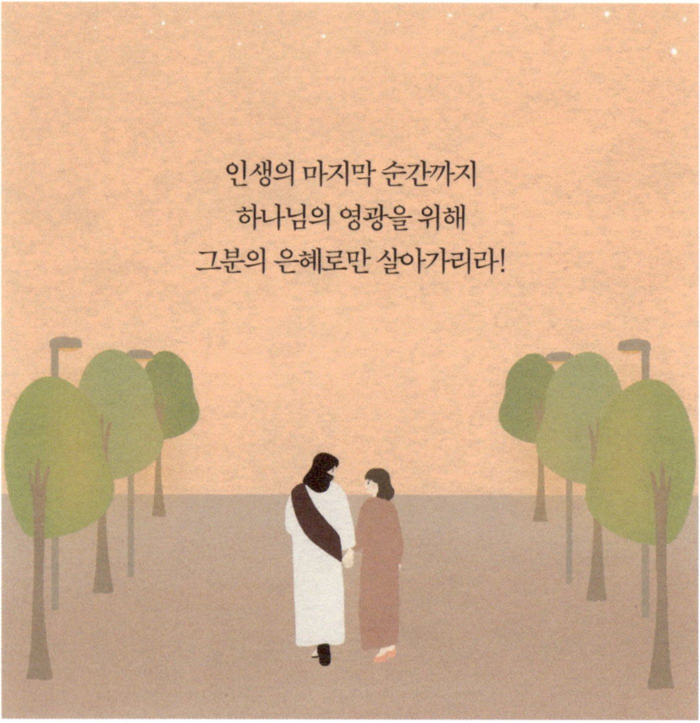
인생의 마지막 순간까지
하나님의 영광을 위해
그분의 은혜로만 살아가리라!

시편 48:14

이 하나님은 영원히 우리 하나님이시니
그가 우리를 죽을 때까지 인도하시리로다

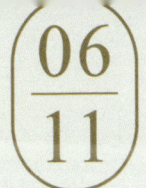

주님은 우리를
사랑하기로 결정하셨습니다.
그분의 사랑은 변함이 없고
예외도 없습니다.

한결같은 그분의 사랑을 신뢰하십시오.

마가복음 1:11
하늘로부터 소리가 나기를 너는 내 사랑하는 아들이라
내가 너를 기뻐하노라 하시니라

빌립보서 1:6
너희 안에서 착한 일을 시작하신 이가
그리스도 예수의 날까지 이루실 줄을 우리는 확신하노라

홀로 걸어가는 믿음의 길이
가끔은 지치고 너무 버겁지만
나를 통해 한 영혼이 주님께 돌아올 수 있다는
소망으로 이 길을 묵묵히 걸어갑니다.

나의 힘이 되신 여호와여
주님을 의지합니다.

시편 18:1
나의 힘이신 여호와여 내가 주를 사랑하나이다

주님, 오늘도 일할 곳과 누울 곳을 주셔서 감사합니다. 이미 주신 것에 감사하지 못하고 불평했던 것을 용서해주세요.

시편 141:3

여호와여 내 입에 파수꾼을 세우시고 내 입술의 문을 지키소서

내가 절대 놓지 않으려
움켜쥐고 있는 것들이
주님을 위한 것인가요?
복음을 위한 것인가요?

시편 119:37
내 눈을 돌이켜 허탄한 것을 보지 말게 하시고
주의 길에서 나를 살아나게 하소서

07
17

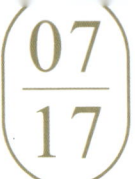

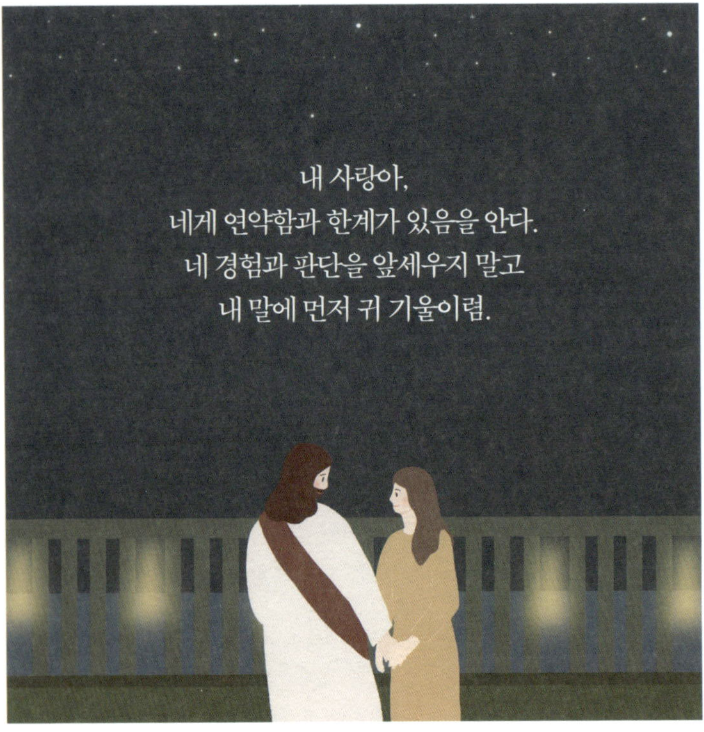
내 사랑아,
네게 연약함과 한계가 있음을 안다.
네 경험과 판단을 앞세우지 말고
내 말에 먼저 귀 기울이렴.

잠언 3:7

스스로 지혜롭게 여기지 말지어다
여호와를 경외하며 악을 떠날지어다

내 사랑아,
어리석은 자, 연약한 자들을 마주하면
그들을 위해 기도하고 도와주어라
내 시선으로 한 사람 한 사람을 바라보아라

고린도후서 9:8
하나님이 능히 모든 은혜를 너희에게 넘치게 하시나니
이는 너희로 모든 일에 항상 모든 것이 넉넉하여
모든 착한 일을 넘치게 하게 하려 하심이라

아무도 내 수고와 헌신과 땀을
알아주지 않는다고 낙심하지 마십시오.
하나님은 당신의 헌신을
낱낱이 기억하십니다.

요한복음 12:26
사람이 나를 섬기려면 나를 따르라
나 있는 곳에 나를 섬기는 자도 거기 있으리니
사람이 나를 섬기면 내 아버지께서 그를 귀히 여기시리라

06
15

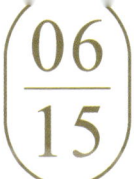

주님이 내게 주신 선물을
다른 이와 비교하며
똑같이 맞춰가지 마세요!

당신의 존재 자체만으로
특별하고 유일합니다.

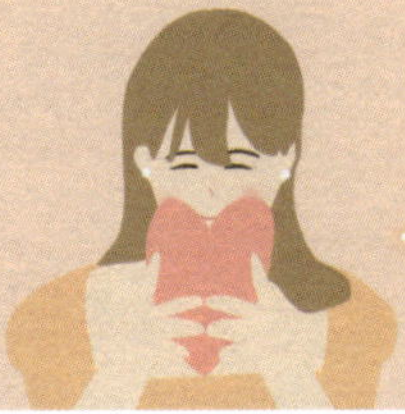

사무엘하 22:29

여호와여 주는 나의 등불이시니
여호와께서 나의 어둠을 밝히시리이다

사랑하는 주님,
오늘 제가 누구에게
복음을 전해야 할지 가르쳐주세요.

빌립보서 2:3
아무 일에든지 다툼이나 허영으로 하지 말고
오직 겸손한 마음으로 각각 자기보다 남을 낫게 여기고

06

16

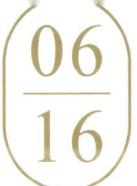

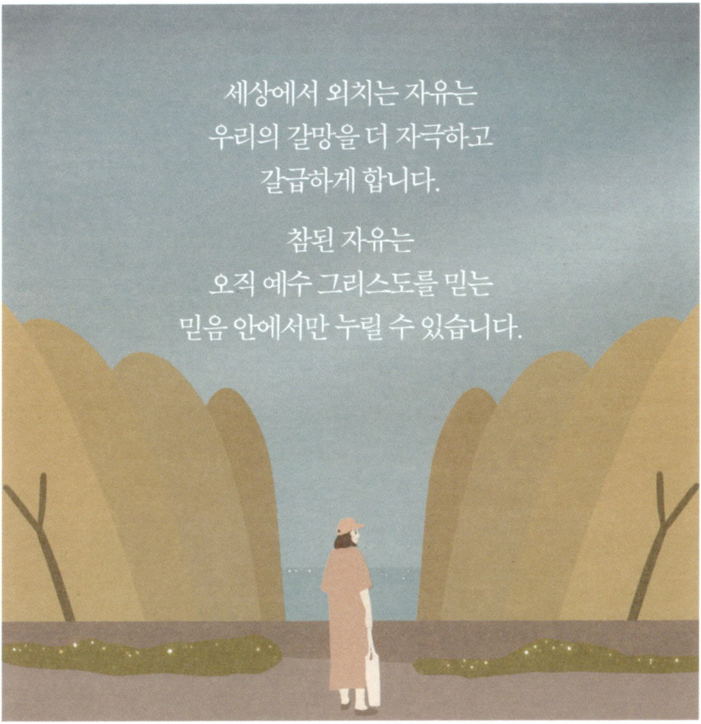
세상에서 외치는 자유는
우리의 갈망을 더 자극하고
갈급하게 합니다.
참된 자유는
오직 예수 그리스도를 믿는
믿음 안에서만 누릴 수 있습니다.

고린도후서 3:17

주는 영이시니
주의 영이 계신 곳에는 자유가 있느니라

07
14

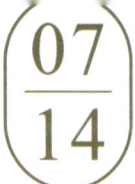

오늘,
가정과 일터,
제가 맺고 있는 모든 관계 속에서
주님을 대하듯 섬기고
사랑하게 해주세요!

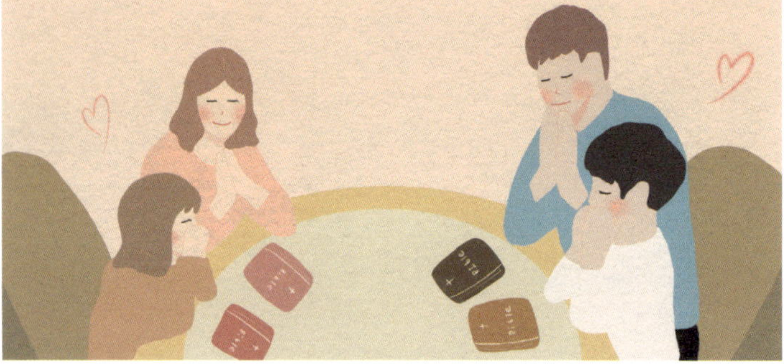

에베소서 5:2

그리스도께서 너희를 사랑하신 것같이 너희도 사랑 가운데서 행하라
그는 우리를 위하여 자신을 버리사
향기로운 제물과 희생제물로 하나님께 드리셨느니라

밤이 오면 아침이 올 것을 알고
날이 흐리면 비가 올 것을 아는 것처럼
주님도 곧 오신다는 것을
잊지 말아야 합니다.

마가복음 13:33

주의하라 깨어있으라
그때가 언제인지 알지 못함이라

07/13

당장 눈에 보이는 열매가 없다고
낙심하지 마세요.
내 안에 행하실 성령님의 역사를
끊임없이 기대하며 나아가세요.

골로새서 3:23,24

무슨 일을 하든지 마음을 다하여 주께 하듯 하고 사람에게 하듯 하지 말라
이는 기업의 상을 주께 받을 줄 아나니 너희는 주 그리스도를 섬기느니라

06
18

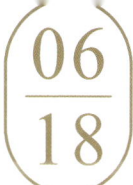

자녀는 부모의 행동을
답습하며 자라납니다.
말이 아닌 행동으로
아이들에게 보여주세요.

존경과 존중 그리고 하나님의 사랑을.

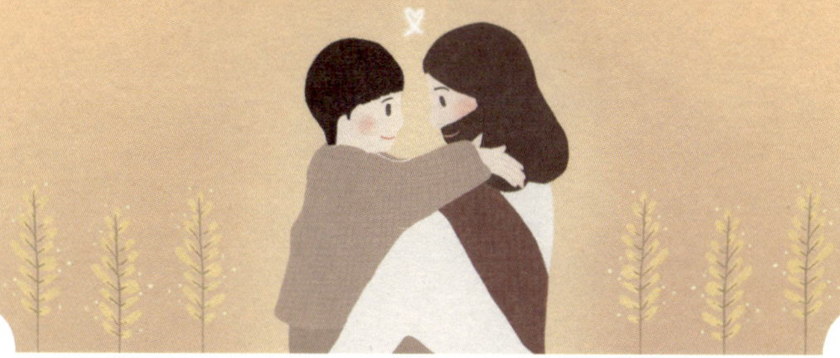

디모데후서 3:15

또 어려서부터 성경을 알았나니 성경은 능히 너로 하여금
그리스도 예수 안에 있는 믿음으로 말미암아
구원에 이르는 지혜가 있게 하느니라

마태복음 7:2
너희가 비판하는 그 비판으로 너희가 비판을 받을 것이요
너희가 헤아리는 그 헤아림으로 너희가 헤아림을 받을 것이니라

06/19

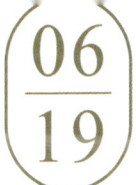

하나님은 약속을
반드시 지키시는 분입니다.

상황에 잠식되어
그분의 뜻을 의심하지 말고
변함없이 신뢰해야 합니다.

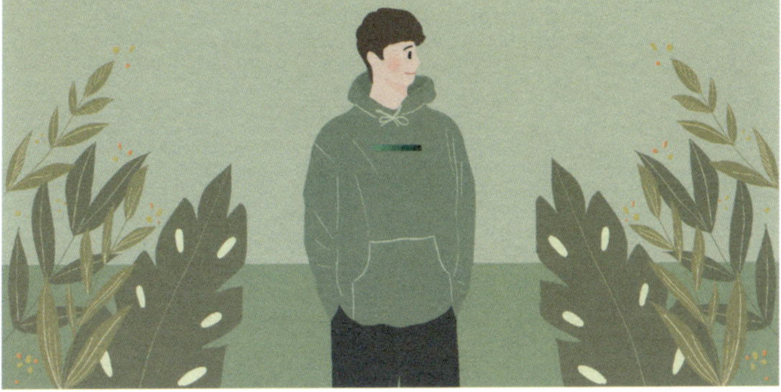

고린도후서 1:20

하나님의 약속은 얼마든지 그리스도 안에서 예가 되니
그런즉 그로 말미암아 우리가 아멘 하여
하나님께 영광을 돌리게 되느니라

07/11

위선적인 예배를 버리고
전심으로 진실한 예배를 드리십시오.

위선적인 삶을 버리고
하나님 앞에 진실한 삶을 살아가십시오.

마가복음 10:28
베드로가 여짜와 이르되
보소서 우리가 모든 것을 버리고 주를 따랐나이다

06
20

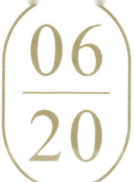

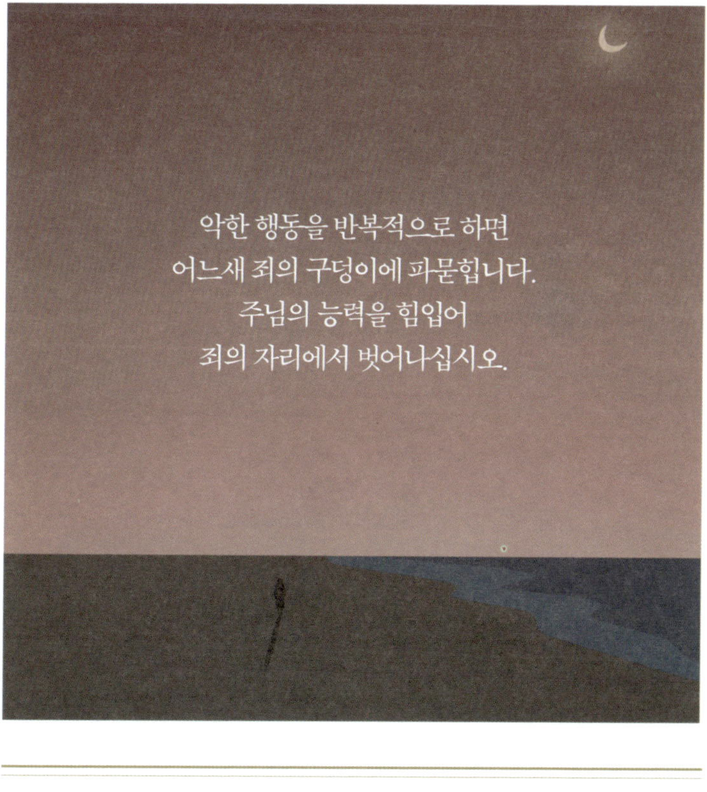
악한 행동을 반복적으로 하면
어느새 죄의 구덩이에 파묻힙니다.
주님의 능력을 힘입어
죄의 자리에서 벗어나십시오.

야고보서 1:15

욕심이 잉태한즉 죄를 낳고 죄가 장성한즉 사망을 낳느니라

07/10

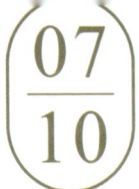

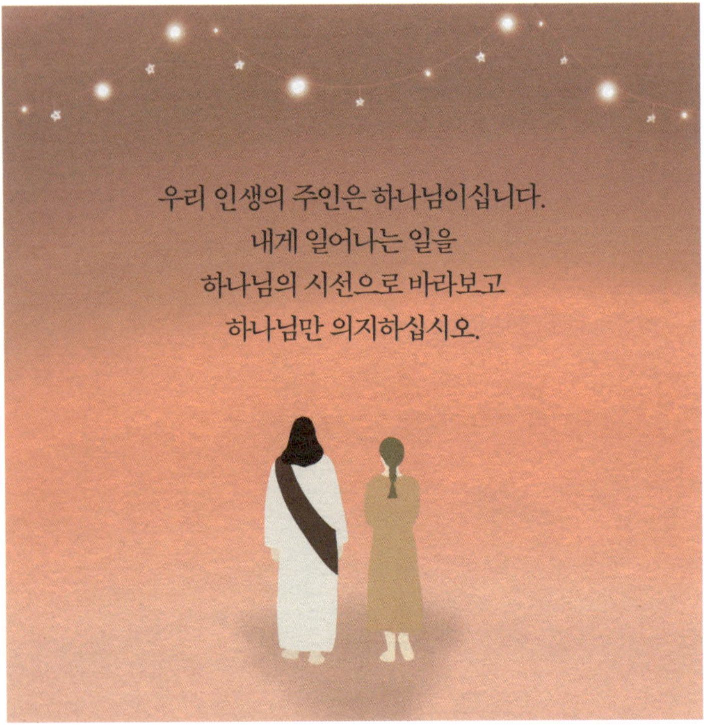
우리 인생의 주인은 하나님이십니다.
내게 일어나는 일을
하나님의 시선으로 바라보고
하나님만 의지하십시오.

사무엘상 3:10

말씀하옵소서 주의 종이 듣겠나이다

고린도후서 1:10
그가 이같이 큰 사망에서 우리를 건지셨고 또 건지실 것이며
이후에도 건지시기를 그에게 바라노라

07 / 09

하나님,
무기력한 우리에게 찾아오셔서
성령으로 기름부어 주시길
간절히 기도합니다.

시편 147:3
상심한 자들을 고치시며 그들의 상처를 싸매시는도다

나를 향한 주님의 뜻을
다 알 수 없지만
그러하기에
주님의 일하심이 기대됩니다

민수기 6:24-26
여호와는 네게 복을 주시고 너를 지키시기를 원하며
여호와는 그의 얼굴을 네게 비추사 은혜 베푸시기를 원하며
여호와는 그 얼굴을 네게로 향하여 드사 평강 주시기를 원하노라

삶이 풍족해져서
하나님의 은혜를 잊어버리고
우상을 섬기는 일이 결코 없게 하소서!

주님 앞에 겸손히 엎드리게 하소서!

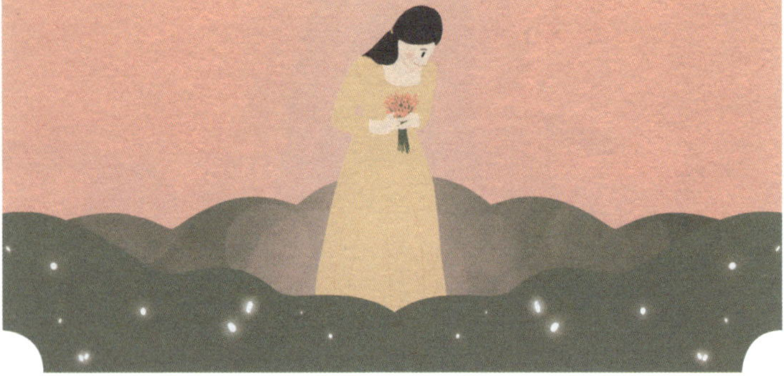

이사야 26:3
주께서 심지가 견고한 자를 평강하고 평강하도록 지키시리니
이는 그가 주를 신뢰함이니이다

우리는 어려움을 통해
전능하신 주님을
더욱 풍성히 누릴 수 있습니다.

상황이 나를 욱여쌀 때면
눈을 들어
그분의 크심을 잠잠히 바라보십시오.

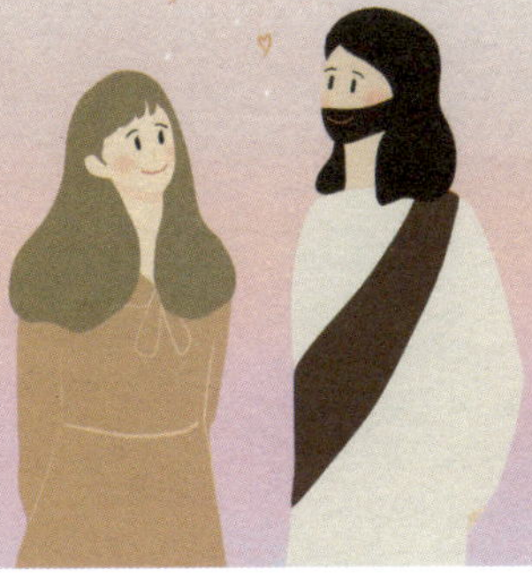

시편 3:6
천만인이 나를 에워싸 진 친다 하여도
나는 두려워하지 아니하리이다

하나님은 당신이 가진 작은 것을 통해
그분의 일을 이루기 원하십니다.

하나님나라의 확장을 위해
기꺼이 손을 펴 내어드리십시오.

서로 돌아보아 사랑과 선행을 격려하며
모이기를 폐하는 어떤 사람들의 습관과 같이하지 말고
오직 권하여 그날이 가까움을 볼수록 더욱 그리하자

주님은 찬양 받기에 합당하신 분입니다.

온 우주 만물이 주님을 찬양하지만
우리의 찬양을 가장 기쁘게 받으십니다.

시편 119:171,172
주께서 율례를 내게 가르치시므로 내 입술이 주를 찬양하리이다
주의 모든 계명들이 의로우므로 내 혀가 주의 말씀을 노래하리이다

07/06

마태복음 11:28
수고하고 무거운 짐 진 자들아 다 내게로 오라
내가 너희를 쉬게 하리라

사랑한다고 말하면서
분 내고, 판단하고, 정죄하기를 반복한다면
그 안에 사랑이 존재하지 않는 것과 같습니다.

사랑은 온유하고 겸손하며
서로 허물을 덮어주는 것입니다.

잠언 20:3
다툼을 멀리하는 것이 사람에게 영광이거늘
미련한 자마다 다툼을 일으키느니라

07
05

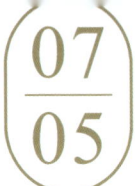

믿음의 공동체가
고난 중에 어려움을 마주하고 있다면
그 문제를 위해 함께 기도해야 합니다.
교회와 성도들을 위해
힘써 기도하는 사람이 되십시오.

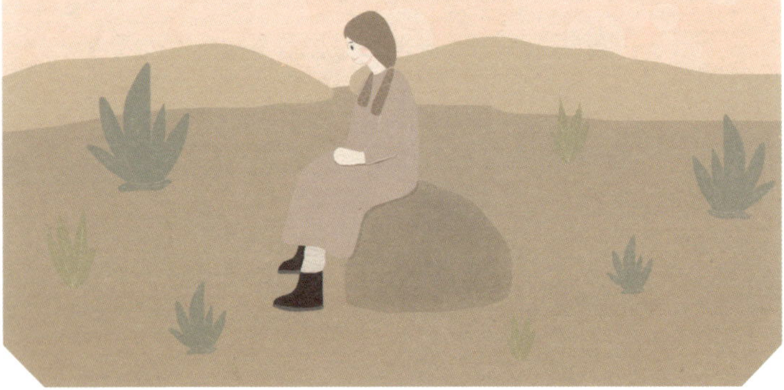

에베소서 6:18

모든 기도와 간구를 하되 항상 성령 안에서 기도하고
이를 위하여 깨어 구하기를 항상 힘쓰며
여러 성도를 위하여 구하라

06
26

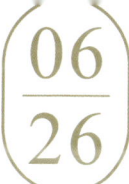

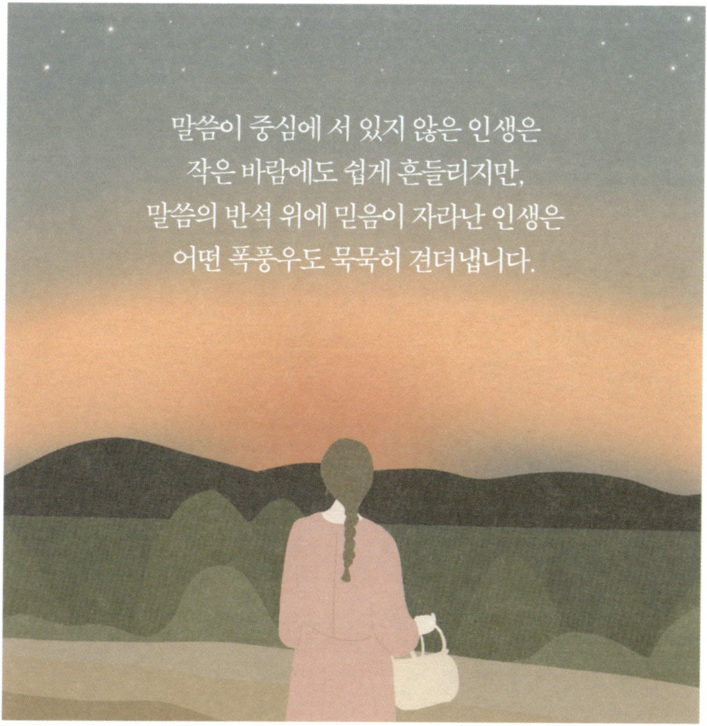
말씀이 중심에 서 있지 않은 인생은
작은 바람에도 쉽게 흔들리지만,
말씀의 반석 위에 믿음이 자라난 인생은
어떤 폭풍우도 묵묵히 견뎌냅니다.

시편 143:5

내가 옛날을 기억하고 주의 모든 행하신 것을 읊조리며
주의 손이 행하는 일을 생각하고

07/04

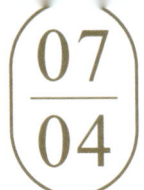

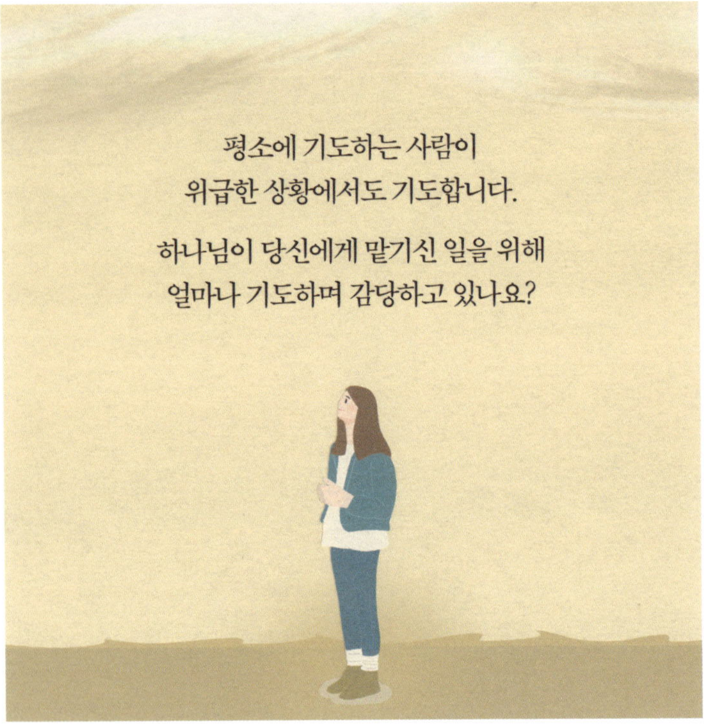

평소에 기도하는 사람이
위급한 상황에서도 기도합니다.

하나님이 당신에게 맡기신 일을 위해
얼마나 기도하며 감당하고 있나요?

데살로니가후서 1:11

이러므로 우리도 항상 너희를 위하여 기도함은
우리 하나님이 너희를 그 부르심에 합당한 자로 여기시고
모든 선을 기뻐함과 믿음의 역사를 능력으로 이루게 하시고

06
27

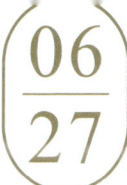

육체가 편함과 여유로움에 익숙해질수록
주님의 말씀을 멀리하기 쉽습니다.

말씀을 놓친 삶은
생명을 하루하루 잃는 것과 같습니다.

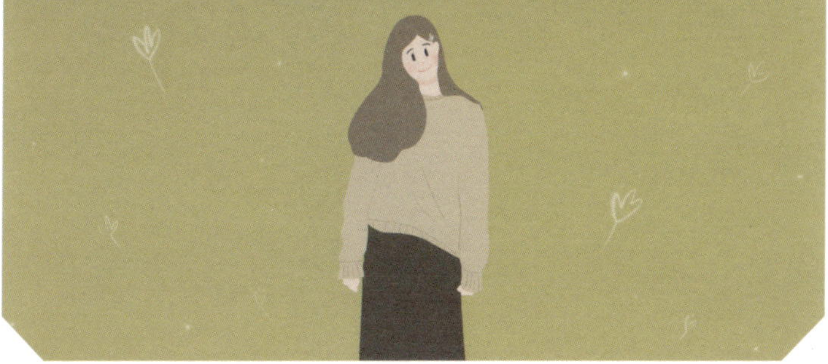

사도행전 6:4

우리는 오로지 기도하는 일과 말씀 사역에 힘쓰리라 하니

07 / 03

하나님의 영광스러운 일에
나 같은 죄인이 참여하는 것 자체가 감격입니다.
내 이름이 드러나지 않을지라도
그분의 일에 즐거이 헌신하게 하소서!

사도행전 20:24

내가 달려갈 길과 주 예수께 받은 사명
곧 하나님의 은혜의 복음을 증언하는 일을 마치려 함에는
나의 생명조차 조금도 귀한 것으로 여기지 아니하노라

06
28

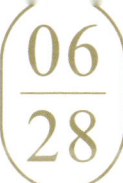

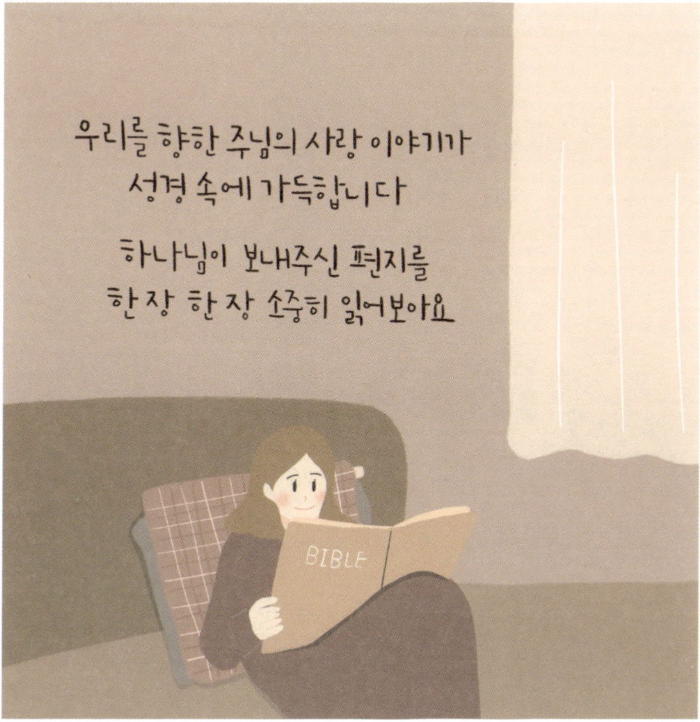
우리를 향한 주님의 사랑 이야기가
성경 속에 가득합니다
하나님이 보내주신 편지를
한 장 한 장 소중히 읽어보아요
BIBLE

시편 107:9

그가 사모하는 영혼에게 만족을 주시며
주린 영혼에게 좋은 것으로 채워주심이로다

07
02

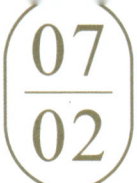

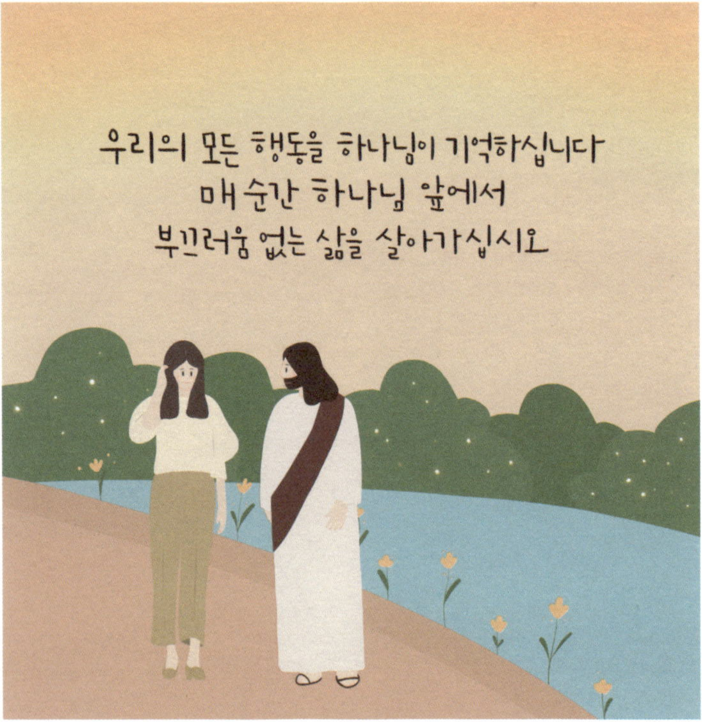
우리의 모든 행동을 하나님이 기억하십니다
매 순간 하나님 앞에서
부끄러움 없는 삶을 살아가십시오

전도서 12:13,14

하나님을 경외하고 그의 명령들을 지킬지어다
이것이 모든 사람의 본분이니라
하나님은 모든 행위와 모든 은밀한 일을 선악 간에 심판하시리라

06
29

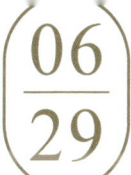

내 사랑아,
성령을 의지하여
성적인 유혹과 음란한 문화를 이기는
가정과 공동체가 되렴.

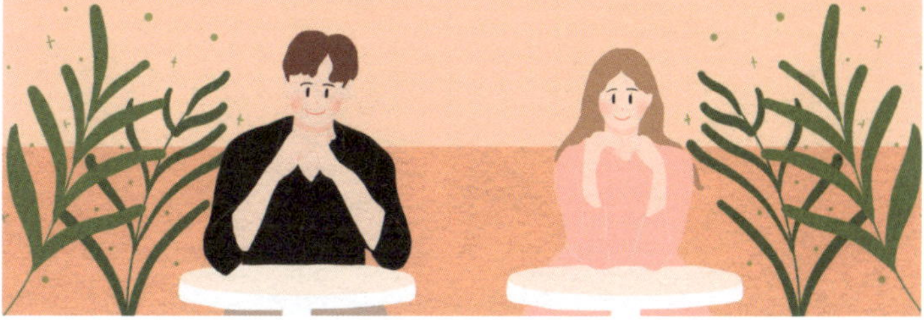

데살로니가전서 4:2,3

우리가 주 예수로 말미암아 너희에게 무슨 명령으로 준 것을 너희가 아느니라
하나님의 뜻은 이것이니 너희의 거룩함이라 곧 음란을 버리고

07
01

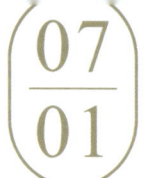

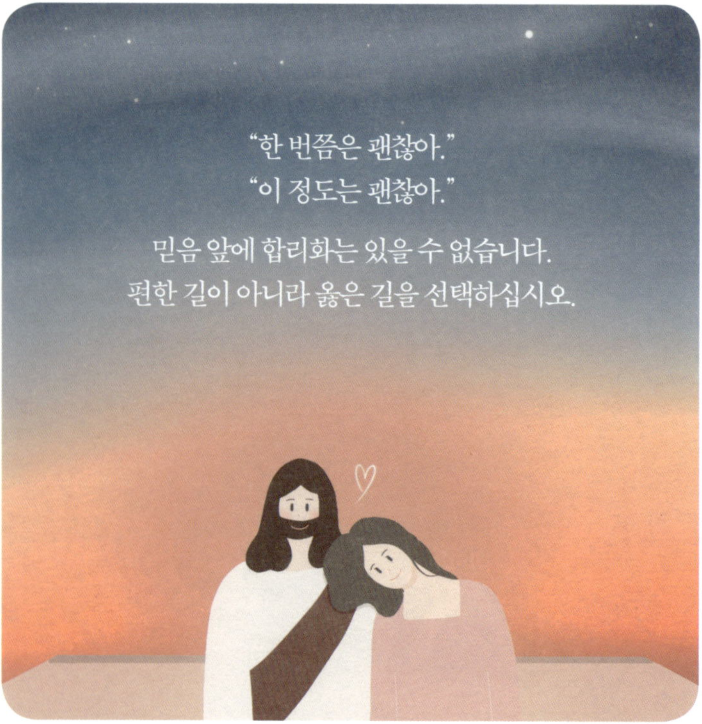
"한 번쯤은 괜찮아."
"이 정도는 괜찮아."
믿음 앞에 합리화는 있을 수 없습니다.
편한 길이 아니라 옳은 길을 선택하십시오.

고린도후서 11:3

뱀이 그 간계로 하와를 미혹한 것같이
너희 마음이 그리스도를 향하는 진실함과 깨끗함에서 떠나
부패할까 두려워하노라

예수님을 믿는 것 때문에
제 삶에 어떤 어려움이 생기더라도
절망하지 않겠습니다.
오히려 복음을 담대히 전하는
기회로 삼겠습니다.

빌립보서 1:14
형제 중 다수가 나의 매임으로 말미암아 주 안에서 신뢰함으로
겁 없이 하나님의 말씀을 더욱 담대히 전하게 되었느니라

365일, 당신의 마음에
말씀의 씨앗이 심겨
주님의 사랑으로 열매 맺기를!

July

7

햇살콩 한줌묵상 365

햇살콩 시리즈

하나님의 때 / 하나님의 선물

쓰담쓰담 필사묵상노트
요한복음 · 로마서 · 잠언

햇살콩 말씀 365

햇살콩 다이어리

햇살콩 김나단×김연선

크고 높으신 주님의 사랑을 전하기 위해
SNS 공간에 글과 그림으로 복음의 씨앗을 심고 있다.
현재 약 12만 명의 독자와 매일 말씀을 나누고 있다.

부부가 함께 지은 책으로
《쓰담쓰닮 필사묵상노트 시리즈》와
《하나님의 선물》, 《하나님의 때》, 《하나님의 때 묵상 노트》,
《햇살콩 말씀 365》(규장), 《하나님의 편지》(42미디어콘텐츠)가 있다.

 sunny_bean
 sunnybeancalligraphy
dustjs3558@naver.com